與成功有約 的 9堂課

人生必修的 9 個學分

劉輝 著

前言

人人都渴望成功，人人都具有成功的潛能。想獲得成功，必須具備很多主客觀因素，比如天時、地利、人和，比如天賦、恒心、毅力。但最不可缺少的是——超乎常人的膽識！

膽識是膽量和見識的集合體。見識不多，知識面不廣，幹不成大事；膽量不足，缺乏勇氣，無法取得驕人的業績。具備超常膽識的人，沒有條件，可以創造條件，居於劣勢，可以轉化為優勢。縱觀歷史，橫看世界，只有那些有膽有識的成功者，才能在人類的歷史長河中留下耀眼的光輝。缺乏超常膽識的人，即使天賦再高，在接二連三的災難打擊下，也很難將成功的事業進行到底。

本書根據現代社會競爭的特點，在剖析古今中外名聲顯赫的成功者之生命軌跡的基礎上，利用大量經典的充滿智慧之膽識的故事，結合深入淺出的哲理，具體分析設計了能讓你成功的9堂課。對於任何一個渴望成功的人，它都能開啟你的心智，推動你的腳步，幫助你邁進成功的大門。

一個人的膽識有大有小，最可怕的是缺乏膽識！這本書為你精心設計了能夠讓你培養超常膽識，邁向成功的9堂課。假如你在認真閱讀本書的過程中，能夠融會貫通並實現了全面突破，那麼你遲早都會成為一個駕輕就熟、本領超群，真正成功的人！

序

生活中有許多人經常抱怨成功的機會離自己太遠。但是，生活的事實告訴我們：成功並不遙遠，就看你是否具備抓住機會的膽識。當然，人的一生中不乏陷阱，關鍵是學會識別，學會把握。只有掌握了做人應該具備的膽識，才能和成功面對面。

商業巨子卡羅‧道恩斯原本只是一個普通的銀行職員，為了更順暢地發揮自己的才能，他跳槽到杜蘭特公司，也就是後來的通用汽車公司。在那兒工作了六個月以後，他給杜蘭特寫了一封信。信中，他問道：「我可否在最重要的職位上從事最重要的工作？」

杜蘭特回答：「現在任命你負責監督新工廠機器安裝的工作，但不保證升遷或加薪。」他交給道恩斯一張地圖，又說：「你要按圖施工。看你做得如何？」

面對一張陌生的施工圖紙，從未接受過這類訓練的道恩斯找來了相關人員，經過一番努力，終於提前完成了任務。當他向杜蘭特彙報工作時，卻發現緊鄰的一間辦公室上寫著——卡羅‧道恩斯經理。」

原來，杜蘭特交給他那張地圖時，已知道他看不懂，原意就是要考察他如何處理這類問題。終於，杜蘭特發現了道恩斯非凡的領導能力。而且，杜蘭特特別欣賞道恩斯直接向他要求取高位的勇氣。道恩斯憑著自己的膽識獲得

了成功。

我們每天都夢想著成功。可是，機遇到來時，很多人卻不敢嘗試，一句算了吧，就把到手的機會輕易放棄了。正是這種對失敗的顧慮，才導致失去成功的機會。在機遇面前，我們都應該和道恩斯一樣，勇於大聲說出：「能否讓我一試？」

其實人生從來沒有：「我如果有更好的條件……」更沒有：「我原本應該……」從古到今，無數成功的案例中，我們都可以看到，成功者從來不是因為「如果有更好的條件，就會如何如何……」，而是成功者都具有一種做人做事的膽識。

敢於嘗試，勇於承擔，是一種膽識。有膽識，並不單指敢闖敢幹，更主要是指恰如其分地與人交往，懂得什麼時候深藏不露，什麼時候勇往直前，什麼時候聰明機靈，什麼時候難得糊塗。

本書針對徘徊在成功路上的每個人，羅列了做人必備的九堂課程主題：「深藏不露，高人一籌；能屈能伸，安身立命；謀生求強，出人頭地；學會說服，無往不利；進退規則，迂迴人生；巧妙應對，防止敗局；學會糊塗，難得糊塗；靈活辦事，巧妙做人；戀情多變，進退有度。」從安身立命、與人相處、從容生活等多個層面進行探討，如何才能輕鬆地獲得成功，以故事引領你進入一個精采的哲理空間，使你平淡的人生充滿奇蹟。

目錄 Contents

第九堂課◎戀情多變，進退有度

PART 1

第一堂課

深藏不露，高人一籌

不露鋒芒，保護自己

　　過於聰明的人總想才華盡露。殊不知，每個人都可能遇到一展才華的機會，要善加利用。沒有人能每天都成功。有些才華橫溢的人會把微小的才幹也顯露出來，使它成為自己身上的發光點，他們卓著的才能表現出來，便足以令人震驚。你若是既有才華又知展示之道，那麼結果一定驚人。

　　人不應矯揉造作。炫耀易流於自大，自大則不免招致輕視。展示，應以謙虛的態度流露，以免流於粗俗。露才過甚，為智者所不屑。應該做到無言勝有言，以漫不經心的態度出之。巧妙地掩飾才華是贏得讚揚的最好途徑，因為一般人對不了解的東西總是抱著好奇之心。不要一下子展露你所有的本領。慢慢來，逐次增多。贏得一次輝煌的成功之後再進行下一次，獲得熱烈的掌聲之後再期待更大的成功。

　　一個人，尤其是一個有才華的人，要做到不露鋒芒，既保護自己，又能充分發揮自己的才華，首先就必須戰勝驕傲自大的病態心理，凡事不可張狂咄咄逼人，並養成謙虛的美德。

　　所謂「花要半開，酒要半醉」，鮮花盛開的時候，不是立即被人採摘而去，就是衰敗的開始。

　　人生也是這樣。志得意滿，趾高氣揚，目空一切，不可一世，不被人當靶子打才怪！所以，無論你有怎樣出眾

的才智，一定要謹記：不要把自己看得太了不起、太重要，自以為是救國濟民的聖人君子，還是收斂起你的鋒芒，夾起你的尾巴，掩飾起你的才華吧！

鄭莊公準備伐許。戰前，他先在國都舉辦一次比賽，挑選先行官。眾將一聽露臉立功的機會來了，都躍躍欲試，準備一顯身手。

第一個項目是擊劍格鬥。眾將都使出渾身解數。只見短劍飛舞，盾牌晃動，鬥來衝去。經過輪番比試，選出了六個人，參加下一輪比賽。

第二個項目是比箭，取勝的六名將領各射三箭，以射中靶心者為勝。

比賽中，有的射中靶邊，有的射中靶心。

第五位上來的是公孫子都。他武藝高強，年輕氣盛，向來不把別人放在眼裏。只見他搭弓上箭，嗖嗖嗖，三箭連中靶心。他昂著頭，瞟了最後那位射手一眼，退下去了。

最後那位射手是個老人，鬍子有點花白。他叫穎考叔，曾勸莊公與母親和解，莊公很看重他。穎考叔上前，不慌不忙，「嗖嗖嗖」三箭射出，也連中靶心，與公孫子都射了個平手。

只剩下兩個人了。莊公派人拉出一輛戰車，說：「你們兩人站在百步開外，同時跑過來搶這部戰車。誰搶到手，誰就是先行官。」

公孫子都輕蔑地看了一眼他的對手。哪知跑了一半，他腳下一滑，跌了個跟頭。等爬起來時，穎考叔已搶車在手。公孫子都哪裡服氣，提腿就來奪車。穎考叔一看，拉起車來飛步跑走。莊公忙出聲阻止公孫子都再爭，宣布穎

考叔為先行官。公孫子都懷恨在心。

　　穎考叔果然不負莊公之望，在進攻許國都城時，手舉大旗率，先從雲梯上衝上許都城頭。

　　眼見穎考叔大功告成，公孫子都嫉妒得心裏發疼，竟抽出箭來，搭弓瞄準城頭上的穎考叔，一箭射去，一下子把穎考叔射了個「透心涼」，從城頭上栽下來。另一位大將瑕叔盈以為穎考叔被許兵射中陣亡了，忙執起戰旗，又指揮士卒攻城，終於拿下許都。

　　古時候，鋒芒太露而惹禍上身的典型是為人臣者功高震主。打江山時，各路英雄匯聚於一個領袖麾下，鋒芒畢露，一個比一個有能耐。主子需要借這些人的才能實現自己圖霸天下的野心。但天下已定，這些虎將功臣的才華不會隨之消失，這時他們的才能就成了皇帝的心病，讓他感到威脅，所以屢屢有開國初期濫殺功臣之事。韓信被殺、明太祖火燒慶功樓，無不如此。

　　《三國演義》中，劉備死後，諸葛亮似乎沒有大作為了，不像劉備在世時那樣運籌帷幄，滿腹經綸，鋒芒畢露。在劉備這樣的明君手下，諸葛亮不用擔心受猜忌，劉備也離不開他，因此他可以盡力發揮自己的才華，輔助劉備，打下一份江山，三分天下有其一。

　　劉備臨終前，指著阿斗說：「如果這小子可以輔助，就好好扶助他；如果他不是當君主的材料，你就自立為君吧！」諸葛亮一聽哭著跪拜於地：「臣怎麼敢不竭盡全力，盡忠貞之節，一直到死而不鬆懈？」

　　劉備再仁義，也不至於會把國家拱手讓給諸葛亮。他說讓諸葛亮為君，正是要諸葛亮全心輔佐阿斗。果然，此後，諸葛亮鞠躬盡瘁，常年征戰在外，以防授人「挾制」

的把柄。

你不露鋒芒，可能永遠得不到重任；鋒芒太露，卻又易招人陷害，等於為自己掘好了墳墓。你施展才華，就已埋下危機的種子。所以，才華顯露，要適可而止。

深藏拿手絕技，才可永為人師。因此，演示妙術之時，必須講究策略，不可把看家本領通盤使出，這樣才可長享盛名。在指導或幫助那些有求於你的人時，你應激發他們對你的崇拜心理，點點滴滴展示你的造詣。含蓄節制乃生存與制勝的法寶，在重大事情上尤其如此。

深藏不露，不讓別人窺出底細

凡人皆有喜怒哀樂，但可以不把喜怒哀樂形之於臉上。在人際交往中，做到這一點很重要。換句話說，不可輕易表露自己的觀點、見解和喜怒哀樂，要「深藏不露」，把自己的思想、感情隱藏起來，不讓別人窺出自己的底細和實力，這樣對手就難以鑽空子。

唐代奸相李林甫口蜜腹劍，慣於隱藏自己的真實意圖，城府極深，具有籠絡、駕馭部屬的過人本領。

唐玄宗寵信並重用番將安祿山。此人大奸似忠，貌似粗獷，內藏計謀。表面上給人一種憨厚忠直的印象，骨子裏卻狡詐多端。安祿山想方設法討取玄宗和楊貴妃的歡心，權位日高，架子也大了起來，漸漸不把其他朝臣放在眼裏。除了在玄宗面前假裝恭順以外，對其他人都傲慢無禮。這種情況，李林甫看在眼裏，恨在心裡。

一天，李林甫召見安祿山。安祿山到了李宅，長揖之後，端坐在客位上，露出盛氣凌人的架式。李林甫不動聲色，只用兩隻小眼睛一動不動地看著他，一句話也沒說。安祿山見他目光深邃，咄咄逼人，感到有些不自然，盛氣頓時減了一半。

這時，李林甫轉身命下人去宣召王珙大夫進見。王珙進屋之後，刷刷刷邁著小碎步上前，規規矩矩地向李林甫大禮參拜，十分謹慎，誠惶誠恐，好像很怕說錯一個字、邁錯一條腿似的。

當時，王珙在朝中的地位僅次於李林甫，是第二號人物，從來都和安祿山平起平坐。安祿山見王珙對李林甫如此敬重、畏懼，不由得感到有些窘迫，雖然沒去補拜大禮，也立刻恭謹起來，不敢出大氣。

待王珙離去，李林甫才和安祿山說話。他把安祿山的意圖和心理活動都分析得十分透闢。安祿山大吃一驚，立時汗流浹背，襯衣濕得黏在身上。這時，李林甫脫下自己身上的袍子，給安祿山披上，用好話安慰他一番。

從此，安祿山雖然經常侮慢其他大臣，卻非常懼怕李林甫。每次入京，他都會誠惶誠恐地前去拜謁李林甫。每次交談，李林甫都能洞察他的心扉，使他面容改色，汗流浹背。

在范陽時，每當有使者從京城歸來，安祿山問的第一句話就是李林甫說他什麼了。有襃揚他的話他就滿心歡喜；有警告他的話，他就用手摸著額頭說：「我可得多加小心。不然，大禍可就要臨頭了！」怕李林甫竟然到了這種程度。

李林甫看出安祿山已蓄反心，但覺得自己死前可保無

憂，安祿山不可能取代自己的相位，只要能安享受榮華富貴，唐朝江山如何，哪顧得上管它呢？果然安祿山在李林甫死前，始終未敢作亂。

李林甫晚年與楊國忠爭權，楊國忠背後有楊貴妃撐腰，略占上風。當時李林甫年老病重，已成風中之燭。聽說李林甫生命垂危，楊國忠心中暗喜。為了探聽虛實，他親自去李林甫家中問候。

不知為何，李林甫雖然病容憔悴，目光卻還是那麼尖銳，楊國忠一看，不由自主地腿就軟了，「撲通」一聲，跪倒在李的病床前。李林甫見狀，流下兩顆淚珠，說：「我快死了。我死後，你必當宰相，以後我的家人就要托你照顧了。」楊國忠早領教過李林甫的厲害，深知此人狡猾奸偽，怕他設計詐騙，所以非常緊張，滿頭大汗，竟半天不敢說話。李林甫城府之深，由此可見一斑。

高明的掌權者一般都不隨便表現喜怒哀樂這些情緒，以免被人看破弱點，予人可乘之機。越是精於權術的人，城府越深。

喜怒不形於色

任何人，只要有一定的社會閱歷，便能夠多多少少練就察言觀色的本事。他們會根據你的喜怒哀樂，調整和你相處的方式，進而順著你的喜怒哀樂，為自己謀取利益。這本無可厚非。可是，謀取利益的另一面，有時卻會對你造成傷害。就算不至於傷害到你，你在不知不覺中，意志

也可能已受到了他們的控制。

　　一聽到人家的奉承就面露喜色的人，有心者便會以奉承接近他，向他提出要求，甚至對他施出「軟性」勒索；一聽到某類言語或碰到某種類型的人就發怒的人，有心者便會故意製造這樣的言語、指使這種類型的人激怒你，讓你在盛怒之下喪失理性，迷亂智慧，失去風度；一聽到某類悲慘的事或自己遭到什麼委屈就哀感滿胸，甚至傷心落淚的人，有心者了解你內心的脆弱，便會以種種手段博取你的同情心，或是故意打擊你的情感脆弱處，以達到他的目的；一個易因某事就「樂不可支」的人，有心者便可能提供可「樂」之事，好迷惑他，以遂行其意圖……

　　說起來，世人似乎沒有一個可靠，人生也充滿痛苦。誠然，連喜怒哀樂都不能自由表達，這種人生太沒意思。不過，何妨把喜怒哀樂放在口袋裏？

　　把喜怒哀樂由情緒中抽離，你便可以理性、冷靜地看待它，思索它對你的意義，並進而訓練自己控制它，做到該喜則喜，不該喜絕不喜的程度。

　　喜怒不形於色，變成一個無縫的「蛋」，是為了免受蒼蠅叮咬。

隱蔽自身，巧妙地達到目的

　　隱蔽自身真實的心意是一種智慧。怎樣才能隱蔽得密而不透，又巧妙地達到有利於己的目的，對立的雙方必然都很重視。

1．隱蔽策動術

周赧王五十五年（公元前260年），秦軍大舉北進，進攻趙國。老將廉頗率趙兵迎敵，秦、趙兩軍相持於長平。秦兵雖然勇武善戰，怎奈廉頗行軍持重，堅築營壘，等待時機與變化，遲遲不與秦兵決戰。為此，兩軍相持近兩年，仍難分勝負。秦國將士個個焦躁萬分，卻又束手無策。

秦昭王問計於范雎：「廉頗多智，不輕易出戰。秦兵勞師襲遠，難以持久。戰事如此久拖不決，秦軍必深陷泥淖，無力自拔，為之奈何？」

范雎是一個出色的謀略家，很快便找到問題的癥結：秦軍若想速戰速決，必須設計除掉廉頗。於是，他沈吟片刻，向昭王獻了一條奇妙的反間計。

范雎遣一心腹門客，從便道進入趙國都城邯鄲，用千金賄賂趙王左右親近的人，散布流言：「秦軍最懼怕的是趙將趙奢之子趙括。因為此人年輕有為且精通兵法，如若為將，秦軍恐難勝之。廉頗老而怯，屢戰屢敗，現已不敢出戰，又為秦兵所迫，不日即降。」

趙王聞訊，將信將疑，派人催戰。廉頗仍行「堅壁」之謀，不肯出戰。趙王對廉頗先前損兵折將本已不滿，今派人催戰，他又堅持固守，不能驅敵於國門之外，於是疑心大起，竟不辨真偽，立刻拜趙括為上將，賜以黃金、彩帛，增調20萬精兵，前去取代廉頗的帥位。

趙括雖為趙國名將趙奢之子，且精通兵法。但他徒識經文書傳，不知變通，只會坐而論道，紙上談兵，而且驕傲自大。一旦代領趙軍，立即威臨眾將，致將士無敢仰視。他還把趙王所賜黃金、財物悉數藏於家中，日日尋思購買便利的田宅。

趙括來到長平前線，盡改廉頗往日約束，易置將校，調換防位，一時弄得全軍上下人心浮動。

范雎探知趙國已入圈套，即向昭王上奏，派武安君白起為上將軍，火速馳往長平，並約令軍中：「有敢泄露武安君為將者斬！」

這白起是戰國時期久經沙場的名將，能征善戰，智勇雙全。論帥才，趙括遠不能與白起相比；論兵力，趙軍絕難與秦兵抗衡。范雎之所以祕行其事，目的是鬆懈趙軍意志，以期出奇制勝。

兩軍交戰，白起佯敗。趙括大喜，率兵窮追不捨。秦軍左右包抄，斷了趙軍糧草，團團圍困於長平。

秦昭王聞報，親自來到長平附近，發動農家壯丁，分路掠奪趙軍糧草，遏絕救兵。趙軍陷於重圍達46天，糧盡援絕，士兵自相殺戮以取食，令人慘不忍睹。趙括迫不得已，把全軍分為四隊，輪番突圍，均被秦軍亂箭擊退，趙括本人也被亂箭射死。

長平一戰，秦軍獲得空前的勝利，俘虜趙兵40萬，除年老年幼者240人放還外，其餘全部坑殺。

這次戰役，秦軍先後消滅趙軍45萬，大大挫敗了雄據北方的趙國元氣。趙國從此一蹶不振。秦軍乘勝進圍趙都邯鄲。雖曾有趙國名士毛遂自薦，赴楚求援，又有魏國信陵君竊符救趙，也只能爭一時之生存，無法挽回趙國敗亡的厄運。

長平之戰，在秦國歷史上具有劃時代的意義。秦與關東六國的戰爭，如果說秦惠文王時還處於戰略相持的階段，至此則進入戰略反攻的階段。

范雎利用趙王已對廉頗「堅壁」不出戰大為不滿而出

現的「裂縫」，巧施隱蔽策動術，促其「縫隙」增大，終於如願使趙王派出無能之輩趙括，換掉了多智多謀的廉頗，取得了長平之戰的勝利。

2·隱蔽造隙術

在楚漢戰爭最激烈的時刻，漢王劉邦聽從陳平的計策，趁項羽伐齊之際，率50萬大軍攻佔了楚都彭城。進駐彭城之後，劉邦耽於酒色，一味享樂，又自恃兵多，麻痹輕敵，放鬆戒備。再者漢軍號稱50萬，卻多是臨時歸順的諸侯軍，聯盟不牢，軍心不齊。

項羽聽了從彭城逃出的虞氏兄妹哭訴，立即命大將龍且和鍾離昧率20萬人馬平定各國，自己帶范增、項莊、季布、桓楚、虞子期等大將率3萬精兵回師彭城，殺得漢軍猝不及防，聯盟解體。漢軍死傷20餘萬，劉邦帶著少數殘兵落荒逃到滎陽城。楚軍乘勝追擊，將漢軍團團圍在滎陽城內達一年之久。

劉邦請求獻滎陽以西求和，項羽不允。面對這危急的形勢，劉邦情緒低落，沮喪地對陳平說：「天下紛紛擾擾，何時可得安寧？」

陳平胸有成竹地說：「主公不必憂慮。眼下情勢正在發生變化，只要主公揚長避短，天下頃刻可定。」

劉邦道問其詳。

陳平道：「項王主要依靠范增、鍾離昧、龍且和周殷幾個人。主公如能捨得幾萬斤黃金，可施反間計，使他們君臣相互猜疑。項羽本來就好猜忌信讒，中計之後必然導致楚事內訌而互相殘殺。到那時，我軍乘機反攻，勢必破楚。」

劉邦深以為然，便給陳平四萬兩黃金，任其支配。

陳平用這筆錢，積極在楚軍中施行他的反間計。他一面派使者入楚，致書項羽，一面又用重金收買一些楚軍將士，讓他們四處散布流言，說范增、鍾離昧等大將為項王帶兵打仗，功勞很多，卻始終得不到項王分封土地，也得不到侯王的爵號，他們心存怨氣，打算同漢軍聯合，消滅項氏，瓜分項氏的土地而自立為王。

項羽聽到流言，疑心頓生，立刻派使者進入滎陽城探聽虛實。

楚使進入滎陽，陳平帶人列隊出迎，把使者請進客廳，擺下豐盛的酒席。

陳平假意殷勤問道：「亞父派貴使前來，有何見教？范老先生和鍾離將軍一切都好吧？有書信嗎？」

楚使被問得莫名其妙，不知如何回答，只好說：「我乃霸王親遣的使者，怎可有范老先生和鍾離將軍的信札？」

陳平聽罷，故意皺起眉頭：「噢！原來你不是范老先生和鍾離將軍派來的……」陳平說罷，白了楚使一眼，刷地放下手中的酒杯，站起身大步走了出去。

使者看著這一切，心裏十分納悶。正在發愣，突然進來一些侍從，七手八腳把滿案飯菜撤掉。一會兒，進來一個侍女，給他換上一碗菜湯、一個饅頭。楚使一見，十分惱火，心想：他們把范增、鍾離昧看得那麼尊貴，而把項王視同草芥，其中必有隱祕。說不定范增、鍾離昧早就和他們串通一氣了！

楚使受到羞辱，不勝其憤，一返回楚營，便把詳情一五一十向項王稟報。

項王聽罷，頓時大怒，自語道：「怪不得近日營中議論紛紛，說亞父和鍾離將軍私通漢王，心存異志。看來是

無風不起浪啊……」因心中起疑，對鍾離昧便不信任，對范增也日益疏遠。

范增極力反對與漢軍談判，希望楚軍能一鼓作氣，攻下滎陽，捉住劉邦。他越勸項羽進攻滎陽，項羽就越是懷疑他與劉邦串通一氣，在要什麼花招。范增非常氣憤，請求退隱山林。項羽也不阻攔，竟然准其所請。

范增解甲歸田，在回老家居巢（今安徽桐城之南）的路上，又氣又惱，背生癰疽，一病而死，終年75歲。

項羽聞知范增死訊，方知中了反間計，十分懊悔，但為時已晚。一個屢立奇功的謀士，竟被陳平略施隱蔽造隙術，死於非命。

隱蔽聰明是一種制勝之法。它可以使施法者確保安身。安身能幹什麼？安身可以靜心謀大事。

大功重賞中勿妄自尊大

在因功獲得重賞或身居高位之後，要善於「藏巧」，切莫鋒芒太露，妄自尊大，以免功高震主，引火燒身。

一個人擁有高智商、強能力，是上天賜予的良好天賦。有了它，便可以在社會競爭中如魚得水，遊刃有餘。

然而，當今社會複雜多樣，環境不斷變異，某些時候，利與弊會突然轉換。為此，我們必須隨時保持頭腦清醒，掌握周圍環境，掂量各種事物的利和弊，而不是一味地以一般經驗辦事。

《陰符經》說：「性有巧拙，可以伏藏。」意思是，

善於伏藏乃制勝的關鍵。一個不懂得伏藏的人，即使能力再強、智商再高，也難以戰勝對手，甚至還可能招致殺身之禍。

伏藏可分為兩層：一是藏拙。這是一般意義上的伏藏，也最常用。意即藏住自己的弱點，不給對手可乘之機。另一種更高明，稱作「藏巧」。

下面這兩個故事就是「藏巧」的範例。

漢高祖時代，呂后採用蕭何之計，殺了韓信。高祖正帶兵征剿叛軍，聞訊後派使者還朝，封蕭何為相，加賜五千戶，派五百士卒、一名都尉任其護衛。

百官都向蕭何祝賀，只有陳平表示擔心，暗地裏對他說：「大禍恐怕正要開始。皇上在外作戰，您掌管朝政。您沒有冒著箭雨滾石的危險，皇上卻增加您的俸祿和護衛，這並非表示寵信。淮陰侯（韓信）謀反被誅，皇上心有餘悸，必然對您大不放心。我勸您辭掉封賞，拿出所有家產輔助作戰，這才能打消皇上的疑慮。」

一語驚醒夢中人。蕭何依計而行，變賣家產犒軍。高祖果然大為高興，疑慮頓減。

這年秋天，黥布謀反。高祖御駕親征。出征期間，他又派遣使者數次打聽蕭何的情況。回報說：「正如前次，相國正鼓勵百姓拿出家產，助軍隊征戰。」

在京城，有個門客對蕭何說：「您不久就要滅族了！您身居高位，功勞第一，不可能再得皇上恩寵。可是，自您進入關中，一直得到百姓擁護，如今已有十多年。皇上數次派人問及您，便是害怕您受到關中百姓擁戴。您何不多買田地，少撫恤百姓，以自損名聲？皇上必定會因此而心安。」

蕭何認為有理，又依計行事。

高祖得勝回朝，有百姓攔路控訴相國。高祖不但沒有生氣，反而高興異常，也沒對蕭何做任何處分。

比起蕭何，王翦更勝一籌。

戰國末期，秦國老將王翦率60萬秦軍伐楚。秦王親自到灞上為大軍送行。王翦向秦王提出一個要求，請秦王賞賜他大量土地、宅院和園林。

秦王不明白王翦的用意，不以為然地說：「老將軍只管放心出征吧，哪裡用得著為貧窮擔憂呢？」

王翦回答：「當王上的大將，往往立下赫赫戰功，卻得不到封侯。因此，趁著大王還寵信我的時候，我請大王賞賜良田美宅，好作為子孫的家產。」

秦王覺得這點要求微不足道，便一笑允之。

王翦率軍先進入函谷關，心裏還惦記著地產的事，接連派人向秦王提出賞賜地產的要求。

王翦手下將領見他戀戀不忘田宅之賜，都覺得不可思議，紛紛開口詢問：「將軍如此三番五次懇請田宅，太過分了吧？」

王翦答道：「不過分。秦王生性好疑，現在他把秦國的全部軍隊讓我統領，我不藉此機會多要求些田宅，為子孫今後好日子做些打算，難道要眼看他身居朝廷，懷疑我有二心嗎？」

第二年，秦軍攻下楚國，俘獲楚王負芻。秦王十分高興，滿足了王翦的請求，賞給他不少良田美宅、園林湖地，封他為武成侯。

在大多數情況下，才不可露盡，力不可使盡，有知識，要適當保留。這樣，你才能加倍完善。永遠保存一些

應變能力，適時救助，比全力以赴更值得珍貴。深謀遠慮的人總能穩妥地駕馭航船的方向。從這個意義上說，我們反倒應當相信一種辛辣的謬誤：一半多於全部。

夜郎並不自大

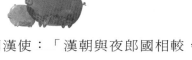

夜郎國的國君問漢使：「漢朝與夜郎國相較，哪個大？」這一問，一頂「夜郎自大」的帽子就鐵板上釘釘子似的，戴在他的頭頂。

但夜郎國王並沒有妄自尊大，他的「自大」其實「大」得很有道理。

夜郎國地處偏遠的貴州西北部，其王「不知漢廣大」。從人之好奇心來說，面對不遠萬里而來的漢朝使者，問一聲「漢孰與我大」，並不稀奇。而且，他身為一國之君，也有責任去了解這個與他的國家之命運息息相關的漢朝的基本國情。更何況，古語云：「不知者不為過。」夜郎王「不知漢廣大」，其好奇之問又何過之有？如果夜郎王明知漢朝比自己大得不可相比，他還如此相問，那他才當之無愧，是一個失卻了理智的妄自尊大之人！

而夜郎王之所以會問這個被後人視為愚不可及，自取其辱的問題，根本原因，在於他面對盛氣凌人，要他俯首稱臣的漢使，心有不服，於是憤而質問：「漢孰與我大？」言外之意便是：如果漢朝並不大，甚至於沒有夜郎國大，他為什麼要俯首稱臣？

由此看來，夜郎自大，非但不是妄自尊大，還是自強

不屈的表現。他敢與漢朝比大，至少可以說明，他並不認為他的夜郎國弱小可欺，隨隨便便就得臣服於任何國家。即使面對強者，他也要問一問，爭一爭。這樣的夜郎自大，無可非議。

如果面對漢使，夜郎王不敢問漢地大小，唯唯諾諾，俯首帖耳，一副奴才樣，毫無一點自強不息的氣象，這樣「自小」的夜郎，後人才應當鄙視、恥笑呢！

這裏還須指出，漢朝人修的《漢書》，自然難免「大國沙文主義」思維，鄙視邊遠的所謂荒蠻之地。在他們看來，夜郎國只能老老實實俯首稱臣，絕不可心存非分之想。所以夜郎王只是問了一聲「漢孰與我大」，他們就覺得不可思議，譏其愚昧、妄自尊大，竭盡嘲諷之能事。後人不求甚解，竟因因相襲，囿於成見，才真是蠢得好笑。

人，其實是很需要一些貌似妄自尊大，實則是敢於爭強爭勝的「夜郎自大」精神。特別是那些弱小者，面對各式各樣的挑戰，總要比一比、爭一爭，絕不可輕易言敗。

不泄露自己的底牌

「不露」與「露」的關係相當微妙，把握不好，就可能因小聰明而敗。

有人說，做事猶如打麻將。打麻將的祕訣在於儘量偽裝自己，使對手不能猜出自己手上的牌。愈是高手，愈能偽裝自己，也愈能識破對手的偽裝。

打麻將又稱「方城之戰」，意指它和戰爭一樣，需要運

用機智和戰略取勝。要言之，打麻將的時候，一旦被對手看穿你的底牌，就穩輸無疑。

有些人打麻將，善使誘敵之策，引誘對手打出他想要的牌。這種戰術十分高明。可是，一旦被對手識破意圖，就不能收到效果。這種實實虛虛的玩法，就使麻將對人產生莫大的吸引力。

裝傻是用來隱藏自身某種企圖最好的方法，這樣可以使對方疏於防範，有利於自己實施各項計畫。

可是，常用這種方法，或是用這種方法的手法不高明，就容易露出破綻。

「小心弄巧成拙。」這是一位麻將高手提出的警告。為了透視對手的心理，的確有必要把自己的高招隱藏起來。可是，萬一不小心被對手識破，就得不償失了。

不泄露自己的底牌，目的在於使對手對自己疏於防備之心，而說出真心想說的話。可是，如果對方因為你不泄露底細而心生懷疑，反而會弄巧成拙。所以，必要時，也不妨露出一些口風，使對方安心。

在挖掘他人的身世和祕密的時候，先把自己的身世和祕密告訴對方，使他覺得應該坦誠相向，於是也把自己的身世和一些祕密和盤托出，這是以退為進的手法。

這種方法用在比賽、打賭，也很有效。如果一方的陣容完備到無隙可乘，另一方就可能集中力量嚴陣以待。反之，一方故意露出一點破綻，讓對手以為有制勝的把握，他就會掉以輕心，落入陷阱。

因此，不善於隱藏自己的人，乾脆亮出自己的底牌，使對手由於放心而解除戒心，就可以乘機窺探出自己想知道的內幕。

臺灣廣告界有位能手Ｄ先生，常使與他初次見面的人對他口服心服，其訣竅就在於他對任何人都能坦誠相向，使得每一個和他談過話的人對他都有相見恨晚的感覺，談起話來也就推心置腹，不加隱瞞。

碰到義憤填膺，前來質問的訪客，Ｄ先生通常先發制人，將自己種種不順利的情況告訴對方，使得來人逐步消除敵意，產生同情心。聽說，他利用這種方法，把冤家變成朋友的例子，還為數不少呢！

真聰明的人會在「不露」與「露」之間適時出手，從而給對手一個措手不及。

學會藏身，等待機會

一般說來，人性都喜直厚而惡機巧。然而，胸懷大志的人為了達到自己的目的，不施機巧權變，又可能寸步難行。尤其是他所處的環境若不盡如人意，那就更要耍弄機巧權變。所以就有了鷹立虎行，如睡似病，藏巧用晦等等各種方略。

安祿山做楊貴妃的乾兒子就是一例。

還有一種正面的「拙行」。如唐初重臣李勣本是李密的部下，後隨故主投於李淵父子麾下。此時天下大勢已趨明朗。李勣知道，只有取得李淵父子的絕對信任才有前途，於是他把「東至於海，南至於江，西至汝州，北至魏郡」的所據郡縣土地人口圖派人送到關中，當著李淵的面獻給李密，說：「既然主公已決心投降，那我所據有的土地、

人口就應隨主公歸降，由主公獻出自獻，則是自為己功，以邀富貴，仍『利主之敗』的不道德之行，勣不為也。」

李淵在一旁聽了，十分感動，認為李勣能如此盡忠故主，必是一個忠臣。李勣歸唐後，很快得到李淵的重用。

但李密降唐後又反唐，事未成而「伏誅」。

按理說，一般人到了這個時候，避嫌猶恐過晚。李勣卻公然上書，奏請由他去收葬李密——惟其「公然」，才更添他的「高風亮節」。假設偷偷摸摸，可能產生反效果。

表面看，這似乎有礙於唐天子的面子，是一種愚忠。實際上，李勣早已料到這一舉動將收到以前獻土地、人口同樣的神效。果然，朝野義士公推他是仁至義盡的君子。從此李勣更得朝廷推崇，恩及三世。

李勣取的是一種「負負得正」的心理效應，迎合了平常人一般不信任直接對己的甜言蜜語而相信一個他與別人相處時表現出來的品質——即側面觀察的結果，尤其是迎合了平常人普遍喜愛那種脫離於常人最易做出的忘恩負義、趨吉避凶、奸詐易變的人性弱點而表現出來的大丈夫氣概，看似直中之直，實則大有深意，是「藏巧於拙」做人成功的典型。

李白有一首詩，其中一句很耐人尋味：「大賢虎變愚不測，當年頗似尋常人。」它揭示了另一種意義上「保藏用晦」的做人法：在一些特殊的場合，人要有猛虎伏林、蛟龍沈潭那樣伸屈變化之胸懷，讓人難測，好從容行事。

元末，朱元璋在攻佔南京之後，鑑於當時群雄並峙，為了避免因嶄露頭角而成眾矢之的，他採用著老朱升的建議，以「高築牆，廣積糧，緩稱王」的策略，贏得了「各個擊破」的時間與力量，在眾人的眼皮底下暗渡陳倉，最

後吞併群雄，當上了大明皇帝。

事成於密，敗於疏。做到在眾人眼皮底下暗渡陳倉，乃是為人處世的上乘功夫。

得意時淡然處之

中國人常說：「有本事要讓別人去說。」一個真正成功的人絕不喜歡自吹自擂，因為旁觀者的眼睛要比自己的眼睛亮得多。

1999年舉行的那場世紀拳王大賽，雖然最終判為平局，但明眼人一看就知道是劉易斯獲勝，真正的拳王當是劉易斯，霍利菲爾德再怎樣吹噓也沒用。

美國南北戰爭時期，北軍統帥格蘭特將軍和南軍統帥李將軍率部交鋒，經過一番空前激烈的血戰之後，南軍一敗塗地，潰不成軍。李將軍被送到愛浦麥特城受審，簽訂了降約。

格蘭特將軍立了大功之後，是否就驕奢放肆，目中無人起來了呢？沒有！他是一個胸襟開闊、頭腦清楚的大人物，絕不會做出這種喪失理智的行為。

他很謙恭地說：「李將軍是一位值得敬佩的人物。他雖然戰敗被擒，但態度仍舊鎮定異常。像我這種矮個子，和他那六呎高的身材比較起來，真有些相形見絀。他仍穿著全新、完整的軍服，腰間佩著政府獎賜他的名貴寶劍；我則穿了一套普通士兵穿的服裝，只是衣服上比士兵多了一條代表中將官銜的條紋罷了。」

這番謙虛的話聽在旁人耳裏，遠比自吹自擂好得多。惟有對自己的成就產生疑問的人，才喜歡在眾人面前吹牛，以掩飾那些引人疑竇的地方。一個真正成功的人，不必自我吹噓、自我炫耀，因為他的成績、他的成功，別人會比他看得更清楚，而且會記在心上。

格蘭特將軍的自謙的確值得讚美。那麼，李將軍以敗將之身，居然也昂首挺胸、衣冠整齊，是否有些驕傲？不然。李將軍雖戰敗，但他坦然忍受恥辱，這正是他勇敢堅毅的地方。他這樣做，是表示他把失敗當作一種經驗，而非一種恥辱，如果能再給他一次機會，他仍能挺身奮戰，爭取勝利。所以，他，不失為一位偉大的軍人。他之所以與格蘭特態度相異，並非不謙虛，實在是由於兩人所處的環境不同。

格蘭特將軍不但讚美了李將軍的態度，也沒有輕視李的戰績。他認為自己的成功和李將軍的失敗，都是偶然的機會所造成。他說：「這次勝負是由極湊巧的環境所決定。當時敵方軍隊在維吉尼亞，幾乎天天遇到陰雨天氣，害得他們不得不陷於泥淖。相反，我們軍隊所到之處，幾乎每天都是好天氣，行軍異常方便，而且有許多地方是在我軍離開一兩天後便下起雨來。這不是幸運是什麼！」

格蘭特將軍把一場決定最後命運的大勝利歸功於天氣和命運，這正表示他有充分的自知之明，始終沒有讓名利的欲念沖昏了理智。

曾經有人說：「愈是不喜歡接受讚譽的人，愈表示他知道自己的成功微不足道。」

假使你常常為芝麻小事而得意忘形，接受別人的稱讚，自己拍自己的肩膀，把它當作一樁了不得的事，那你

無疑是在欺騙自己，就像那些被魔術欺騙了的觀眾一樣。從此你將走上失敗之路，因為你欠缺自知之明，盲人騎著瞎馬亂闖，怎麼可能有成功的希望呢？

人生處在順境和得意時，最容易得意忘形，終致敗象顯露，樂極生悲。

看過特洛伊戰爭「木馬屠城記」故事的人，都會記得特洛伊是怎麼被毀滅的。

特洛伊人與入侵的希臘聯軍作戰，雙方互有勝負。後來聯軍中有人獻計，假裝全部撤退，留下一匹大木馬，卻將勇士藏在馬腹內，其他主力部隊亦躲在附近。特洛伊人望見遠去的艦隊，以為敵人真的撤退了，於是在毫無戒心之下，將木馬拖入城內，歌舞狂歡，飲酒作樂。當晚，就在他們睡夢沈沈之際，木馬中的希臘軍紛紛跳出，打開城門，裏應外合。於是，特洛伊滅亡了。

從這個故事，可得到兩個寶貴的教訓：一、得意時不要高興太早，否則失意馬上就到。二、失敗也莫灰心，危機即轉機，失敗後就是成功。遇到挫折時要咬緊牙關，堅忍自強。待逆境過去，雨過天青，前程將一片光明。

心事不能隨便說

很多人都有一個毛病：肚子裏擱不住心事，有一點喜怒哀樂之事，就總想找人談談。更甚者，不分時間、場合、對象，見什麼人都把心事說出來。

心理學家說：「一個人若有心事，應該說出來，才不

會在心內鬱積，悶出病來。」這說法基本上沒錯，但筆者認為，要說可以，但不能「隨便」說。

之所以處理心事要這麼慎重，是因為心事的傾吐會泄露一個人的脆弱面，這脆弱面會讓周遭眾人改變對這個人的印象。雖然有些人欣賞他「人性」的一面，另外一些人卻會因此而下意識地看不起他。最糟糕的是脆弱面被別人掌握住，會變成他日爭鬥時的致命傷。

其次，有些心事帶有危險性與機密性。例如，你在工作上承擔的壓力與牢騷、你對某人的不滿與批評，一旦你傾吐出這些心事，有可能他日被人拿來當成修理你的武器，你是怎麼死的，連自己都不知道。

那麼，對好朋友，應該可以說說心事吧？筆者的答案還是：不可隨便說出。你要說的心事還是要有所篩選，因為你目前的「好」朋友未必也是你未來的「好」朋友。這一點，你必須牢牢記住。

家人呢？能不能說？

還是不可隨便說出。假如你的另一伴對你的心事，感受與反應並不是你所能預期。譬如說，她（他）因此對你產生誤解，甚至把你的心事也說給別人聽……

然而，閉緊心扉，心事「滴水不漏」也不是好事，因為這樣一來，你就成為一個城府深、心機沈，不可捉摸與親近的人了。如果你本就是這樣的人，那沒有太大關係。如果不是，給了別人這種印象，太划不來的。

所以，偶爾也要說說無關緊要的「心事」給周圍的人聽，以降低他們對你的揣測與戒心。

以忍為上，吃虧是福

中國人歷來提倡「以忍為上」、「吃虧是福」。這是一種玄妙的處世哲學。常言道：「牛不低頭，飲不著水」。要修得福氣之身，須悟一悟牛低頭飲水的道理。

假設你和別人開車相撞，對方的車只是「小傷」，甚至可以說根本不算傷，你不想吃虧，準備和對方理論一番，可對方車上下來四個彪形大漢，個個橫眉怒目，圍住你索賠，眼看四周荒僻，也無法以電話，更不可能有人對你伸出援手，請問，你要不要吃「賠錢了事」這個虧？

你當然可以不吃，如果你能「說」退他們，或是能「打」退他們，而且自己不受傷！

如果你既不能說，又不能打，那就只有「賠錢了事」。你說他們蠻橫無理也好，欺人太甚也罷，卻必須明白，在人性叢林，不太說「理」這個字！優勝劣汰，適者生存。哪有什麼理可說？因此，眼前虧不吃，換來的可能是一頓拳打腳踹或是車子被砸壞。

可見，「低頭」的目的是為了生存和實現更高的目標。如果因為不低頭而蒙受巨大的損失，甚至把命都丟了，哪還談得上未來和理想？

可是，有不少人，為了所謂的「面子」和「尊嚴」，甚至「正義」與「公理」，而與發生糾紛的另一方搏鬥，卻因此而一敗塗地，元氣大傷。

漢朝開國名將韓信是「敢於低頭」的最佳典型。鄉里

惡少要他爬過他們胯下，不爬就要揍他。韓信二話不說，爬了。如果不爬呢？恐怕一頓拳腳，韓信不死，也只剩下半條命，哪來日後統領雄兵，叱吒風雲？他甘願吃眼前虧，為的就是「留得青山在，不怕沒柴燒」啊！

　　所以，當你碰到對你不利的環境，千萬別逞血氣之勇，認為「士可殺不可辱」，寧可吃吃眼前虧。

　　與韓信同時代的張良也是一位善於「低頭」的人。

　　張良原是一個落魄貴族，後來成為漢高祖劉邦的重要謀士，運籌帷幄，輔佐高祖平定天下，因功高被封為留侯，與蕭何、韓信共稱漢初「三傑」。

　　張良年少時因謀刺秦始皇未遂，被迫流落到下邳。

　　一日，他到沂水橋上散步，偶遇一穿著短袍的老翁。老人家故意把鞋摔到橋下，然後傲慢地差使張良：「小子，下去幫我撿鞋！」

　　張良愕然，不禁拔拳想要打他。但因他是長者，不忍下手，只好忍住氣，下橋取鞋。張良把鞋撿回，老人又命他幫自己穿上。飽經滄桑，心懷大志的張良對此帶有侮辱性的舉動，仍然強忍不滿，膝跪於前，小心翼翼地幫老人穿好了鞋。

　　老人不言謝，仰面長笑而去。張良呆視良久。老人卻又折返，讚歎道：「孺子可教也！」遂約其五天後凌晨在此相會。張良迷惑不解，但反應仍然相當迅捷，跪地應諾。

　　五天後，雞鳴之時，張良便急匆匆趕到橋上。不料老人已先到，見了他，怒聲斥責：「為什麼遲到，再過五天，早點兒來。」

　　張良半夜就去橋上等候。

他的真誠和隱忍博得了老人的讚賞，送給他一本書，說：「讀此書，可為王者師，十年後天下大亂，你可用此書興邦立國；十三年後再來見我。我是濟北穀城山下的黃石公。」說罷揚長而去。

張良驚喜異常，天亮看書，乃《太公兵法》。從此，他日夜誦讀，刻苦鑽研兵法，並觀察天下大局，終於成了一個深明韜略、文武兼備、足智多謀的「智囊」。

現實生活很殘酷，很多人都會碰到不如人意的事。這樣的境況，你必須面對現實。要知道，敢於碰硬，雖不失為一種壯舉，可胳膊擰不過大腿，硬要拿著雞蛋去與石頭鬥狠，只能算作是無謂的犧牲。這種時候，就需要用另一種方法迎接生活。

不妨劃出心中一塊地域，專放不平之事，然後閉起雙眼，權當不覺。還是那句話：低頭。

古人說：「小不忍則亂大謀。」堅韌的忍耐精神是個性意志堅定的表現，學會忍耐、婉轉和退卻，可獲得無窮的益處。

PART 2

第二堂課

能屈能伸，安身立命

將相本無種，能屈能伸顯自強

　　生活中不斷重演著一種悲劇：很多勤勞刻苦，奮鬥不息的人卻處處挫折，窮困潦倒；而那些懶惰無能、平庸無德的人反而能輕易地獲得成功，攫取財富、權力和聲譽。於是，有人哀歎命運的不公，有人哀歎自己天生「命」不好。在搖首歎息之際，他們向命運低頭了，甚至自暴自棄，破罐子破摔。

　　古代有人在經歷了人生的坎坷之後，得出了「生死有命，富貴在天」的結論。但應當知道，一個人命運的好壞，都非天生注定，不可改變。一個人一生不可能永遠幸運，也不可能永遠被厄運糾纏。要相信，命運由自己創造，掌握在每個人手中。

　　人的一生有許多偶然因素，這偶然的因素很可能改變後來的結局。但這些因素可遇不可求。無論是安於命運的安排，還是向命運抗爭，都有一個接受眼前命運的問題。同命運抗爭，在於知其可為而為之，或知其不可為而為之。知其可為而為之，聰明；知其不可為而為之，倔強。

　　如果你奮鬥了，努力了，拼搏了，依然屢遭挫折，連栽跟頭，不要抱怨命運的不公，應當理智地接受現實，然後找出並分析遭到挫折和失敗的原因，進而改變現狀，改變命運。這才是智者的作為。

　　雷根生在一個極其普通的家庭，全家四口靠父親一人當售貨員的工資維持生活。成長的過程中，不可避免，他

面臨了家庭經濟的困境。上小學時，父親被解僱，全家人走到了山窮水盡的地步。這種家庭環境培養了雷根的獨立意識。他和哥哥幫著母親在大學足球場賣爆米花。兄弟倆一邊賣爆米花，一邊看球。他們是足球場的常客，與許多球員混得很熟。那些球員很同情這兩個小夥子。兄弟倆知道家裏艱難，從不向父母要這要那，身上穿的、用的，都是母親的雙手縫製。

進入中學，雷根的學費成了問題。為了繼續上學，積攢學費，13歲的雷根每週六下午和週日都去附近的建築工地當臨時工，搬磚、推土、運水泥。星期日幹10個小時，才掙35美分。他餓了啃麵包，渴了喝自來水。別的同學在看電影、旅遊，他卻在工地上流汗。

高中和大學時期，他完全是靠半工半讀走過來。他曾做過公園的業餘救生員，在一個暑假中掙夠一年的學費還有剩餘。此外他還在學校食堂裏刷碗、洗盤子、掃地。

生活的艱辛磨鍊了雷根的意志，培養了他的信心，也使他產生出人頭地的強烈願望。

1932年，大學畢業後，雷根決定試試在電臺找份工作，然後，再設法去做一名體育播音員。他搭便車去了芝加哥，敲開了每一家電臺的門——但每次都碰了一鼻子灰。

在一間播音室裏，一位很和氣的女士告訴他，大電臺不可能冒險僱用一名毫無經驗的新手。

「再去試試看，找家小電臺，那裏可能會有機會的。」她說。

雷根又搭便車回到伊利諾州的迪克遜。雖然迪克遜沒有電臺，但他的父親說，蒙哥馬利‧沃德公司開了一家商店，需要一名當地的運動員去經營它的體育專櫃。由於雷

根在迪克遜中學打過橄欖球，於是他提出了申請。那工作聽起來正適合自己，但他還是未能如願。

「最好的總會到來。」母親鼓勵他。

父親借車給他。他駕車行駛了70哩，來到特萊城，去試了試愛荷華州達文波特的WOC電臺。

節目部主任是一位很不錯的蘇格蘭人，名叫彼特·麥克阿瑟。他告訴雷根說，他們已經僱用了一名播音員。雷根離開辦公室時，受挫的鬱悶心情一下子發作了。他大聲問道：「要是不能在電臺工作，又怎麼能當上一名體育播音員？」

等電梯時，突然聽到麥克阿瑟的叫聲：「你剛才說體育什麼來著？你懂橄欖球嗎？」接著讓雷根站在一架麥克風前，憑想像轉播一場比賽。由於雷根的表現出色，他被錄用了。

在回家的路上，雷根想到母親的話：「如果你堅持下去，總有一天會交上好運。並且你會認識到，若沒有從前的失望，那就不會發生。」

這次求職成了雷根人生旅途的新起點。它使雷根懂得，一個人只要有信心，能把握自己該幹什麼，就應該走出去，用力敲開那一扇扇機會之門。

在以後的歲月中，雷根奮發向上，憑他個人的努力，最終從一名好萊塢演員一直攀登到美國總統的寶坐！他也為日後演藝人員走上政治路上，豎下一個典範。

人情留一線，日後好相見

有個年輕人希望換一個新工作。和新公司的經理面談時，經理發現他原來的工作還可以，薪水也不低，應該有發展的機會，問他怎麼會想到跳槽？年輕人的回答很乾脆：「因為那兒缺少人情味。」

有人情味的人，能體會他人的想法，會設身處地為人著想，甚至可以犧牲自己的利益。表現人情味，並不需要花費很多錢，不需要高雅的情調、華麗的包裝，簡簡單單一個笑容、一句問候、一杯清茶，就足以感動人心。

生活中不少人抱著──「有事有人，無事無人」的態度，把朋友看成受傷後的拐棍，身體康復後即隨手扔掉。這種人必會被人棄絕，沒有人願意再幫他；他有能力去幫助人時，大概也不會有人願意領情。

有一位環保志工講過一個小故事──

這志工一個高中同學，兩人十分要好。考入同一所大學之後，那同學當上了班級幹部。人地位高了，就會變。那同學上任後，見到她，有時乾脆裝作沒看見。日子久了，兩人關係也就疏遠了。但那同學有時仍會突然向她求助。基於朋友一場，她總是盡己所能，出手相助。可事後，那同學又犯了老毛病，對她不理不睬。她有種被利用的感覺。無奈她總是心太軟，當朋友下次求她幫忙時，她還是不忍心說「不」。就這樣，那同學大事小事都找她。

其他朋友都勸她放棄這份友情，說那種人不值得交

往。終於，她下決心與那同學分手。那位同學傷心地流下眼淚：「我除了妳，什麼朋友也沒有了！」

一個沒有人情味的人，永遠也無法了解「人情」這看似簡單，實則微妙之詞的豐富內涵。比如說，給人幫助，不能過分挑明，以免傷人自尊；施恩於人，不可一次過多，否則會成為對方的負擔，雙方關係更難維持。這種人只會用「互相利用，互相拋棄，彼此心照不宣」的藉口為自己推託，而不去探索人情世故的奧妙之處。

做人要有人情味。人情留一線，日後好相見。能屈能伸的成功者，都很善於順人情、駕人意。要安身立命，就得善於調整與運用自己的感受去觀察、體貼別人，從而及時修正生活中的種種關係。

尼瑪小姐是食品包裝業的行銷專家，她的第一份工作是一項新產品的市場測試。可是，她犯了一個大錯，整個測試都必須重來一遍。開會時，她向老闆報告，恐懼得渾身發抖，以為老闆會狠狠地訓她一頓。可老闆沒有疾言厲色，而是謝謝她的工作，並強調，在一個新計畫中犯錯並不稀奇，而且他有信心，第二次測試，對公司更有利。老闆充滿人情味的談話，令尼瑪深受感動。果然，第二次測試，她進行得十分順利。

充滿人情味，顧及別人的自尊，維護別人的面子，有時可以拯救一個人。

那麼，為人處世怎樣做才能讓別人感受到人情味呢？

要讓人感受到人情味，不可表現出「一次性」交際的心態和作為。

在講求實際、實用、實效的人物眼中，所謂的人情，就是你送我一包菸，我給你幾塊錢的等價交換，更像殺人

償命，欠債還錢，概不賒欠的原則。

這種一次性的處世做法看起來灑脫，不拖泥帶水，實則內含太多困惑。

誠然，受到幫助的人也許短時間內不願再次開口求助，但你也沒必要固守「事不過三」的古訓不放。當人家確實有困難而無能為力時，儘管你已幫助過他，儘管他深知欠你人情而不好向你開口，但既然知情，就不應無動於衷，不妨再次主動伸出援手。事實上，這種行為最容易贏得人情效應。即使對方一時無力回報，但你的高風、人品，已被更多的人所知曉。

要讓人感受到人情味，可透過與相關者培養共同的興趣，達到趣味相投之效。有時候，兩個人共同的愛好、興趣，會成為彼此交往的紐帶。比如，你和他都愛聽戲，在劇院裏相識，成了戲友；都愛下棋，在棋室相遇，成了棋友……等等，共同的興趣把彼此召喚到一起，在相互切磋中，結下了友情。

要讓人感受到人情味，與人共處，可多「泡苦水」。泡苦水，就是同舟共濟，心往一處想，勁往一處使。人與人共事，共同的命運把雙方聯繫在一起，互相合作，互相支持、幫助、關照，容易產生感情上的認同。尤其是在困難時期，彼此相依為命，共渡難關，不問時間長短，可能一輩子都會刻骨銘心地記著。

社會是個大舞臺，舞臺上有編劇，有導演，有演員，有美術指導，有化妝師，有場記，有配樂人員等等。不管你在社會這個大舞臺上是扮演什麼樣的角色，你都要發出人情味，都要展現道德風貌。人情味和道德風貌是構建社會文明大廈的基礎。真正文明的社會，每個人都必須充滿

人情味。

爲情可屈，爲義可伸

　　一個人在心靈上受到創傷，需要有人撫平他的傷口；一個人經濟窘迫，需要有人伸出援手；一個人對事業低潮，需要激勵。

　　朋友，這個詞總是在我們絕望之時，在腦海中高頻率地閃現。朋友，在我們身陷泥淖時，會及時伸出有力之手，幫我們迅速擺脫困境，再度飛身而起。好朋友可以使我們達到一定的精神高度，使我們在一種溫馨和自由自在之中，體會到沐浴春光的氛圍。

　　孔子說：「有朋自遠方來，不亦樂乎！」這裏所說的朋友，當然是指那些對自己有益的交往對象，也就是他所說的「友直，友諒，友多聞」——正直、誠實、有教養、有學識的朋友。這類朋友都是從友愛之心出發，不會遇事苛求。他們都能做到真心對待朋友，諒解朋友一時的過失和錯誤。

　　益友必是諍友。他們不會一味地遷就朋友的過失和不足。自己認識到的真理、自己的學識、自己某些方面的美好品德，他們都會儘量傳輸給朋友，幫助朋友涵養德行。

　　君子之交重情義。真正的朋友，相互尊重，互不吹捧；往來頻繁，心心相印，但不過分親昵。那些不講道義，欠缺真感情的假朋友，表面上和人勾肩搭背，相互吹捧，親親熱熱，誇海口，胸脯拍得山響，一旦相互間有了

利害衝突，貧、富發生變化，就會翻臉不認人，朋友有難時不僅不幫忙，甚至可能落井下石，將其置於死地。

近代知名學者王國維是個不可多得的才子，他博聞強記，智力過人，在甲骨文研究上卓有成績。羅振玉很賞識他，兩人結為朋友，後又成了兒女親家。王家貧窮，羅常在經濟上接濟王國維。羅大量收進甲骨，讓王做考釋，但發表文章的署名都用自己的名字，因而他賺了很多錢。王最終經濟窘迫，壯年投湖自盡。這都是交友不慎害了他。

知名文人魯迅和王國維生於同一時期，又都有棄醫從文，大體近似的經歷，但他交友慎重，結果便截然不同。魯迅早年師事於革命家、著名學者章太炎，後與蔡元培結下深厚的友誼，又同許壽裳等學者、作家在事業上互相切磋。特別是與瞿秋白、馮雪峰等人相交，對他左傾，成為左翼作家聯盟的領袖，起了不可忽視的作用。

魯迅和瞿秋白在文化戰線上經常合作，介紹翻譯馬列主義文藝理論和蘇聯文學作品。在最危險的關頭，魯迅讓瞿秋白躲在自己家中。瞿秋白在自編的《魯迅雜文選集》序言中，對魯迅做了很高的評價。魯迅也在瞿秋白犧牲後，懷著悲痛的心情，帶病將朋友的遺言編成《海上述林》出版，並在前言引用的對聯中，稱瞿秋白為「知己」，以自己有這樣的「知己」為人生最大的滿足。

郭沫若曾指出：「王國維之所以戛然止步，甚至遭到犧牲，主要就是朋友害了他。而魯迅之所以始終前進，一直走在時代的前頭，也未始不是因得到朋友的幫助。」

無論對我們的職業，還是其他方面，朋友都有不可估量的作用。但很多人在成功之後，經常忽視了友情，自以為成功是因為自己努力不懈和運用智慧的必然結果，只能

與人共患難，不能與人共富貴。正是由於這種現象的存在，許多人對朋友的定義越來越感到模糊不解。

真正的朋友應當建立在相互信任的基礎上。經常多數情況下，不能因為一兩件誤會而造成隔閡；也不能因為把朋友看透了而輕言斷交。因為一個人的內心世界，你永遠也不可能看透。或許在交往期間，你的朋友暴露了他的缺點而掩蓋了其優點，但不是他的全部內涵。

社會的紛繁複雜，世界呈現出多姿多彩的面向。交到一個真心朋友很難，失去一個朋友卻很容易。為了事業的成功，我們應珍視友誼，學習朋友的優點，包容他的缺點。對於真正的知音而言，雙方之間的友誼甚至就只是友誼，與諸如你我的常人所謂的成功毫無牽扯。

人在屈伸中求生存

人生在世，難免碰到一些無理的人或事。你對某人的不良或錯誤行為直言責備，他可能怒聲反駁。

在一座外國球場，一個大學生的視線完全被前面一位年輕婦女的帽子擋住了。

這大學生說：「請您摘下帽子。」

婦女連頭也不回。

「請您摘下帽子。」大學生氣沖沖地又說了一遍，

「為了這個位子，我花了15個盧布，卻什麼也看不見！」

「為了這頂帽子，我花了115個盧布。我要讓所有的人都看到它。」那年輕婦女說，仍然一動也不動地坐在那

兒。她不講公德，卻振振有詞地反駁大學生的正當干預。

碰到這種無理的行為，你怎麼辦？

許多人常常大發一通怒火，大罵一頓無賴，可到頭來，對方反駁時還是頭頭是道，「理由」充足得很。你自己倒氣得手腳發顫，只會說：「豈有此理，豈有此理……」

對於蠻不講理者，一定要據理力爭。

楚王存心侮辱晏子，令人在城門旁邊挖了一口小洞，讓管禮賓的小官帶晏子從此洞進城。

晏子不進，他面對周圍等著看笑話的人群，裝作十分驚訝的樣子說：「哎呀！今天我恐怕來到狗國了吧？怎麼要從狗門進去呢？」

那小官討了一臉沒趣，只好引他從大門進城。

羅蒙諾索夫出身在一個漁民的貧苦家庭，童年時代生活非常艱苦。成名後，他依舊保持著簡樸的生活習慣，毫不講究衣著，埋頭於研究學問。

一個專愛講究衣著但又不學無術，自作聰明的傢伙看到他衣袖的肘部有個破洞，就指著窟窿，挖苦道：「從這兒可以看到你的博學嗎，先生？」

羅蒙諾索夫毫不遲疑地回答：「不，一點也不！先生，從這裏可以看到愚蠢。」

晏子和羅蒙諾索夫所運用的競爭策略叫「以其人之道還治其人之身」。既然讓我從狗洞進城，那進的自然就是狗國了；既然你要借題發揮，諷刺挖苦，我當然要針鋒相對，以牙還牙！

或許有人要說，對人要講真誠，為什麼還提倡以牙還牙，不是讓人以惡抗惡嗎？殊不知，真誠是需要條件的。真誠者與真誠者肝膽相照，就像是兩塊打火石相撞，迸閃

出心靈的火花。人敬你一尺，你敬人一丈。人對你刁滑，你也必須「刁滑」。

有一則寓言：一匹狼跑到牧羊人的農場，想撲殺一隻小羊來吃。牧羊人的獵犬追了過來。這隻獵犬高大兇猛。狼見打不過也跑不掉，便趴在地上，流著眼淚哀求，發誓牠再也不會來打那些羊的主意了。獵狗聽了牠的話，看了牠的眼淚，非常感動，便放了牠。想不到這匹狼趁獵犬回轉身之際，縱身咬住牠的脖子。

幸好牧羊人及時趕來，才救了獵犬一命。

這則寓言告訴我們，對那些奸佞小人，萬不可心存「婦人之仁」。若是對壞人動了菩薩心腸，心慈手軟，很可能轉而深受其害。

以其人之道還治其人之身的方法有三種：

1‧順其言，反其意

這種方法的效果在於使人感到那個無理的人是引火燒身，搬石頭砸了自己的腳。

德國大詩人海涅是個猶太人，常因此遭到一些無恥之徒的攻擊。

有一次，在一個晚會上，有人對他說：「我發現了一座小島，這座小島上竟然沒有猶太人和驢子！」

海涅白了他一眼，不動聲色地說：「看來，只有你、我一起去那個島上，才會彌補這個缺陷。」

「驢子」，在美國南方語言中，是「傻瓜、笨蛋」的代詞。海涅是猶太人，將「猶太人與驢」並稱，無疑是侮辱他。可海涅沒有大罵，甚至對這種說法也不表異議。相反，他把這種並稱換上「你我」，這樣就一下子把「你」與「驢」等同了。

2‧結構相仿，意義相對

這種方法是在雙方語言的相仿與相對中，表現出極其鮮明的對抗性。

丹麥著名童話作家安徒生一生簡樸，常常戴頂破舊帽子在街上行走。

有個不懷好意的人嘲笑道：「你腦袋上面的那個玩意兒是個什麼東西，能算是頂帽子嗎？」

安徒生回敬道：「你帽子下面那個玩意兒是個什麼東西，能算是腦袋嗎？」

安徒生的話語和那個找碴之人的話語結構、語詞都相仿，只是幾個關鍵字的位置轉了一下，就使對立色彩顯得格外鮮明。

3‧佯裝進入，大智若愚

這種方法就是假裝沒有識破對手的圈套，一頭鑽進去，顯示自己完全不在乎對方的那種小伎倆。

一個嫉妒的人寫了一封諷刺信給海明威。信上說：「我知道你現在是一字千金。附上一美元，請你寄個樣品來看看。」

海明威收下錢，回覆對方一個字——「謝」！

海明威當然已識破了對方的刁難、侮辱，但他根本不將此放在眼裏。他照那人刁難的要求辦，結果也真搞得那人下不了臺。

總之，面對小人的圈套和詭計，你必須保持冷靜。已搞得對手處境不妙時，不妨痛下殺手，「痛打落水狗」。

對方想用毒計整治你、侮辱你，大可用對方所提出的道理、方法、要求，依樣畫葫蘆，還給對方，使其搬石頭砸自己的腳，「啞巴吃黃連，有苦說不出」。

年年歲歲勸善，歲歲年年有惡。以善報惡，不以正義抗邪惡，雖然用心甚好，卻不免顯得呆憨、幼稚，不足以除惡揚善。

「一薰一蕕，十年尚猶有臭。」惡者橫行，正因善者軟弱。不要只癡想以善感動惡。惡之所以惡，正是在於它難以被感動。否則，也就不那麼惡了。

善者要強而有力，要以「惡」對惡，要講究對付惡的「陰謀」——智慧。如此，惡才會感到善的力量。四處碰壁，四面楚歌，惡才會有所收斂。

走自己的路，讓別人說去

為人處世，若遭到仇視或嫉妒，無端受到誹謗，這時要善於分析。被誹謗者若是別人，不要輕言；被誹謗者是自己，也不要惱怒、羞慚、氣餒或急於爭辯。只要行得端、坐得正，流言蜚語自會逐漸消失，因為誹謗對於君子來說，絲毫沒有市場。

北方的契丹族入侵北宋王朝之時，朝中許多大臣都主張遷都躲避，再圖良策。宰相寇準卻力主堅持抵抗，並建議宋真宗御駕親征。真宗無奈，採納了他的建議，出兵澶州，並大敗契丹兵，契丹被迫議和，從而結束了戰爭。由於寇準功大，真宗對他大加重用。

當時的參知政事（副相）王欽若與寇準有私仇，嫉妒他的功勞，屢次在真宗面前說他的壞話：「皇上聽說過賭博的事嗎？賭錢的人快要把錢輸光時，往往拼命地把所有

的錢都押上去，最後拼一下。這叫『孤注』。寇準要求您親伐契丹，您不就成了他的『孤注』嗎？真是太危險了！」

寇準在中國歷史上，稱得上是一位好官、清官，但他仍未逃脫讒言的誣陷。宋真宗聽信了王欽若顛倒是非黑白的言語，疏遠賢人，導致後來大宋江山的沒落和衰頹。

愛嚼這種顛倒是非的舌根，是許多人陰暗的一面。人的精力有限，但總是有人把精力用在猜測、議論、中傷別人身上。如果每個人都把有限的精力用在工作和事業上，該有多好！

越是無聊又無知的人，越喜歡誹謗人。德國人將這種行為稱作「最無聊的閒談」，十分鄙視。

文藝復興時期的畫家拉斐爾說：「一個聰明人，知道如何提出正確的問題，並且仔細聆聽他人的議論，慎重地答覆。若無話可說，就立刻閉上嘴巴，不再東拉西扯。」

一位有名的文藝評論家說：「我對我自己所說的話隨時負責，即使因此身死為也在所不惜。」

誹謗的話比噪音為害更大。如果噪音是公害，那誹謗的話就是一種公共的口害了。

瑞士哲學家馬格斯‧帕克特在《沈默的世界》一書中提到：「智語來自沈默，也回至沈默；噪音來自噪音，又回到噪音。」

廢話永無休止，左耳進，右耳出。來自沈默中的智語卻會深深地印在心中，甚至影響他的一生。

黃炎培先生對誹謗的言辭有切身的感受，他說：「人家的毀譽，不必計較。我小時因為窮，為別人鄙視，屢向人家求婚而被拒絕，直到第六次我已故的王夫人家，先岳父王筱雲先生賞識我的文章和楷書，才玉成我的婚事。不

久，我在科舉場中露了頭角，賀者盈門，都說早就看出此兒不凡。及後參加革命，遭逮捕，險被殺頭，立時聲譽驟落，大家又看不起此兒了。適避難歸來，稍利事業，乃又受稱譽。吾乃大悟，安身立命，要時刻力求上進。猶如逆水游魚，至為艱苦。」

一個人的「名聲」很容易毀於「人言」。所以識者說：「人言可畏。」黃炎培主張用「不必計較」對待毀人名聲的「人言」，要世人不必把個人的名聲看得過重。沒有事實根據的「人言」「腿很短」，不可能長久站住腳。毀人名聲的人也許得逞於一時，但不久定會敗露。一個人的品行是客觀存在的，它最具說服力。

俗話說：「身正不怕影子斜。」王安石也說：「人言不足恤。」對待毀人名聲的流言，無言是最好的輕蔑，「模糊」些，可以省卻許多解釋的精力。對那些無中生有、信口雌黃、不負責任的「人言」，只當是耳旁風，就像魯迅對待這種「人言」一樣，連眼珠都不轉一轉！聒噪不如沈默，息謗得於無言。走自己的路，讓別人說去。

說話談吐，伸屈有度

言談能反映出一個人為人處世的涵養功夫，必須掌握好分寸和態勢。說話掌握分寸，說得恰到好處，是一種修養，一種水平。也就是說，既不能喋喋不休，口若懸河，又不能該說話時卻沈默寡言。

一個人若想平和地度過一生，他絕對有必要學會在小

事或大事上自我克制。必須容忍和克制，脾性必須服從於理性的判斷。隨時隨地檢點自己的言行，對個人的幸福絕對必要，因為某些話語比打人更傷人心。所以俗話說：「語言像匕首。」

一則法國諺語說：「語言造成的傷害比剌刀造成的傷害更可怕。」那些溜到嘴邊的刺人之語，如果說出來，可能會使聽到的人大感難堪。

布雷姆夫人在其《家》一書中說：「老天爺禁止我們說那些使人傷心痛肺的話。有些話語甚至比鋒利的刀劍更傷人心；有些話語則使人一輩子都感到傷心痛肺。」

那些能屈能伸的人說話時如同做任何其他事一樣，總是注意自我克制。那些聰明和懂得自我克制的人總是避免心直口快、直言無忌，絕不以傷人感情為代價而逞一時口舌之快。

比如，看到人家幹活犯錯時，他不會在旁邊指手畫腳，說三道四，顯示他的能幹。他會很客氣地說：「我試試看，怎麼樣？」

這樣說了，即使在接下來的工作中幹不好，也不會丟面子；幹得好，人家嘴裏不說，心裏也會佩服他。尤其是他沒傷人家的面子，又替人家幹好了活兒，人家必定從心底裏認定他「夠意思」，做人穩重，扎實，又有真本事。

孔子說：「君子欲訥於言而敏於行。」即君子為人處世，總是行動第一，語言在。

為了謹慎說話，應當做到以下幾點：

1‧儘量不說話

不說話，不僅可以確保安全，而且能在周遭的人心中留下穩重、非同凡俗的印象。當然，儘量不說話，是指可

以說也可以不說，尤其是與自己無關的事。否則，不說話，也不必然可取。

2・儘量少說話

碰到不得不說話時，仍要儘量少說，不可夸夸其談，亂講濫說，信口雌黃，妄發議論。這也是確保安全的一道關卡。言多必失，多言多失，少言少失，不言不失。所以，在不得不說，非說不可的時候，還是要保持「少說為佳」的態度。

3・不傳流言

世界上沒有十全十美的人，隨隨便便說人家的短處，揭人家的隱私，不僅有損人家的聲望，且足以表明你為人卑鄙。聽到流言蜚語，惟一的辦法是聽了就算，不做傳話筒，不記掛於心，不向外傳播。

4・不說空話

說到做到，力戒空談，是一個人品德修養的重要內容。一個人整天空話連篇，不幹實事，必將一事無成。

愛因斯坦給成功立下這樣一個公式：成功＝行動＋正確的方法＋少講空話。

5・不說假話

馬克・吐溫說：「千萬不能說假話，因為我們不知道何時需要說假話。」假話一旦被揭穿，便會失去他人的信任，落得說話無人聽，辦事無人理，處處惹惹人厭惡。

6・會說話

所謂「會說話」，就是在恰當的時間、恰當的地點，說了恰當的話，也就是把話說到點子上，而且說得頭頭是道，妙語連珠，使人人愛聽，個個喜歡。會說話，是為人最基本的功夫。

《法句經》中說：「言多語失，說話應謹慎。捨棄那些不可說的話，只說應說的活。」

日蓮和尚在給其信徒的一封信中寫道：「禍從口出，使人身敗名裂；福從心出，使人生色增光。」意思是：有時說話的人並無惡意，但對聽者而言，卻可能傷及他的自尊心。所以日蓮勸誡世人：說話應謹慎，只說該說的話。

話說得得體，讓人高興。反之，會讓人傷心。相同意思的一段話，出自兩個人之口，聽起來就可能有所區別。你自己信口開河，根本意識不到會傷害人，但人可能認為你是有意的，是在故意傷害他。

不愛多說話的人，他內心並不是糊塗得無話可說，而是他明白「話說多了，鮮有不敗事」的道理。

立身切忌往他人頭上伸

生而為人，隨時都會遇到人家做了對不起自己的事。當某人做了冒犯我們的事，我們應當怎麼辦？是針鋒相對，以怨報怨？還是以寬容為懷，原諒他？

中國人歷來強調「以和為貴」，很不欣賞損人利己，踩著別人的肩膀往上爬的行為。如何與人和睦共處，是中國傳統倫理中一直關注的問題。

明憲宗朱見深曾經畫過一幅漫畫，題目是《一團和氣圖》。畫面上的人物由於開懷大笑，渾身縮成一個滾圓滾圓的大球。但仔細分辨，會看出，這幅人物像雖只有一副面孔，實際上卻是三個人的身體合在一起。

一個封建皇帝畫這樣一幅畫，是什麼意思？原來，它取材於一則著名的典故：

　　陶淵明、陸修靜和慧遠法師分別是儒、道、佛三家的門徒，三人私交甚好，經常一起切磋學問。慧遠法師有個不成文的規矩，送客絕不超過山下的虎溪。有一天，三人邊走邊談，不知不覺竟越過了這道界線。於是，相顧開懷大笑。這就是著名的「虎溪三笑」。

　　如今，朱見深借這個典故做了《一團和氣圖》。

　　有一天，群臣上殿，他明確要求眾臣「忘彼此之是非，藹一團之和氣。」即大家不要互相勾心鬥角，應當和睦相處，團結友善。

　　孔子說：「禮之用，以和為貴。」

　　「和」的基本含義是和諧：宇宙運行的最高尺度是和諧，美學的最佳境界是和諧，人類社會的最佳狀態也是和諧。和諧，亦即意味著自然、完美、平衡和秩序。因而，對「和」的追求，即是一種得之於生活的感性經驗，也是一種相同之信仰糾結在一起，對大千世界運動規律的理性昇華。

　　人該不該「和」？答案是肯定的。

　　「天時不如地利，地利不如人和。」人類之和，是謂人和。人和為世間之貴，人和才有家庭，人和才有民族，人和才有國家，人和才有社會。

　　為人信奉以和為貴之道，可以算是一種自我保護哲學。這種哲學教導世人，凡事應知足常樂，知常守恒，不可有過多的非分之想，也不可越出自己的利益範圍之外去多管閒事。

　　漢語中的「福」字，其意義與「輻」相通，相當於車

輪的條輻。幾十根車輻圍繞一個軸心，構成一個有秩序而協調的整體。同理，幸福在「人心之通」。大家各守本分，互不干涉，又互相依賴，這樣一種和平寧靜的生活就是幸福。即使上下級、同事、鄰居之間發生矛盾或分歧，也要儘量保持表面上的和諧一致或爭取保持表面的團結一致。

兩千多年前，西周設有「調人」一職，專事「排患釋難解紛爭」，和諧人際關係。歷代朝廷都延續了這種制度。直到今日，我們也建立了一整套完善的人民調解制度，並訂定成一種法律。

嫉妒他人，就是委屈自己

嫉妒是一種卑劣的心理狀態。善妒者總愛和別人攀比，凡事惟恐別人搶先一步。看到別人超過自己，他不怪自己不努力、不進取，只怨別人本事大，比自己強。妒火中燒，可能使人頭腦發昏，喪失理智，甚至墮落到極其卑劣和兇殘的地步。嫉妒是一股禍水，害人無數。

盧梭說：「人除了希望自己幸福之外，還喜歡看到別人不幸。」這話充分道出了人類容易嫉妒，幸災樂禍的深層心理。

嫉妒源於私心。大公無私的人必能全方位考慮問題，不致產生嫉妒心。能如此，他人會為你的崇高而由衷感懷，並以「見賢思齊」要求和勉勵自己。不嫉妒，不僅能激勵他人，更能培養自我。

荀子說：「君子以公理克服私欲。」孔子說：「君子

明於道義，小人明於勢利。」義，是天理所應實行；利是人情所應思索。

君子根據天理行事，便擺脫了人欲的私心，所以能泛愛人。小人放縱私欲，不明天理，所以總是嫉妒人。

嫉妒是一種慢性「毒藥」，會引人不明是非。對人無端生怨，對己就身心俱損。嫉妒是產生「惡毒之仇恨」、「無名怒火」的重要根源。嫉妒會殺了自己，毀了他人。

有一個畫家，他的作品有一定的影響力，因而為他帶來不菲的收入。但他從不看重這些，也不嫉妒他人──他的座右銘是：「我永遠是個小學徒。」他追求藝術的理想還像童年時代那樣執著、單純。他追求成功，但絕不嫉妒比他更成功的人。也許，他成功的奧祕正在於此。

各方面條件與自己相同或不如自己的人居於優位，自己所厭惡或輕視的人居於優位，與自己同性的人居於優位，比自己更高明的人居於優位，這些都是引發嫉妒的主。如果本人無意加以比較，或認為自己無法達到那麼一個高度，或二者生活在不同層次的世界，或嫉妒的對象不在周遭，或是那位是通過艱苦的努力得到的結果，嫉妒將不致產生。

淡化嫉妒也就是淡化優位──你不比人強，人家嫉妒你什麼？認為自己不比人強，人家就不致嫉妒你，並會讚許你是靠自己的努力得到優位。

你獲派去單獨辦事，且之前別人去沒辦成，你一下子辦妥了。這時，你若彰顯你聰明、能幹，就會招致嫉妒。如果你顯得「賣力肯幹」，人家就會覺得你處於優勢是理所當然，因而會嫉妒你能幹。你說：「多虧了各位大力幫助⋯⋯」這樣一來就使人產生「還沒忘了我的苦勞」這樣的

心理平衡。

處於優位自是可喜可賀之事，加上人家一奉承，更容易喜形於色，無形中強化了人家嫉妒的因由。所以，面對人家的讚許，應該要謙和有禮，這不僅足以顯示出自己的君子風度，淡化人家對你的嫉妒，而且還可能博得人家對你的敬佩。

誰都希望成功並得到他人的誇獎，但事實上總會有所差別。當同事、朋友間各方面條件都差不多，其中有人成功，別人若不提及，有時還不覺得。一旦有人提起，其他人聽了就不好受，難免妒火中燒。

任何環境中都能見到昆蟲的影子。據說，昆蟲進化之奧祕在於嫉妒之性，用有毒的刺、美麗的斑紋剷除異類。但人類不同。不自覺地嫉妒、背叛同伴的人，常常把自己也一起毀滅了。

一個人身上的劣勢能淡化其優勢，給人「平平常常」的印象。你成功了，不好突出自己的劣勢，以減輕嫉妒者的心理壓力，使他心生一種「他和我一樣無能」的心理平衡，從而淡化乃至免卻對你的嫉妒。每個人都有自己成功的地方，也有不成功的地方。顯示自己不成功的地方並虛心向他人學習，也是為了鞏固自己的成功。

在眾人面前談及某一群體中的某人，你若說：「我們很要好。」聽到的人很容易產生疏離感。因為這種稱謂具有明顯的排他性，對方會對「我們」的密切心生嫉妒。

通過艱苦的努力所得到的成果很少被人嫉妒。如果我們處於優位，確實是通過自己的艱苦努力得到，那不妨將「艱苦歷程」說出來並加以強調，以引人同情，減少嫉妒。

聆聽越多，就會變得越聰明，被更多的人喜愛，成為

更好的談話夥伴，而不致招人嫉妒。一個好的聽眾總比一個擅長講話者贏得更多的好感，這是因為一個好聽眾善於傾聽。生活中，沒有什麼比做一名好聽眾更能有效地幫助你與人和諧相處。

成為一個好聽眾，注視說話的人。對方說的話若值得你聆聽，便應值得你注視。靠近說話者，專心致志地聽，讓說話者感覺到你不願漏掉任何一個字；提問使說話者知道你在認真地聽。

提問，更能題是一種高超的奉承。不要打斷說話者的話題，直到他自己結束為止。

使用說話者的人稱——「您」和「您的」——如果你用了「我」、「我的」這類詞，就意味著企圖把聽眾的注意力從談話的人身上轉移到你自己身上，就會使你在自我張揚中，引來他人的嫉妒。

嫉妒心是由人的虛榮心作祟所引發。加強人格修養，克服虛榮心，把他人的成就和榮譽當作自己學習的榜樣和前進的動力，這是甩掉嫉妒的根本要則。甩掉嫉妒，敢於承認自己的不足，是一種謙遜的美德。學會淡化嫉妒心，有利於減少人與人之間的隔閡。

稱讚別人，伸展自己

對他人發出讚美之辭，是社交中成功的祕訣，能喚醒被讚美者的潛在能量，提升他的自尊心，使他從艱困中解脫出來。現實生活中，需要發出讚美之聲的場合很多。讚

美，對自己、對他人的影響都是積極的。讚美，使被讚美者感到愉快，讚美者也心境開朗。遺憾的是，一般人對司空見慣的事太不注意，沒有意識到他人的需要，更沒有意識到一番讚美之辭，能滿足他人這種需要的心理，從而不費吹灰之力，就能得到被讚美者的信賴與友情。

多年前，一個倫敦少年在一家布店當店員。他早上五點鐘他就要起床，打掃全店，每天幹14個小時的工作。那簡直是苦工、奴隸。

兩年後，他再也忍受不了。一天早晨，起床後，他顧不上吃早餐，跑了15哩路，去找他在別人家當管家的媽媽商談。他哭泣著，發狂地向媽媽要求，不要逼他再做那份工作了。他說，再留在那家店裏，他就要自殺。而後，他給他從前上學之學校的老校長寫了一封長而悲慘的信，說明他心已破碎，不願再生。

老校長看完信後，給他一番稱讚，並誠懇地對他說，他很聰穎，應該幹更好的工作，然後給他一個教員的位置。老校長的稱讚改變了這孩子的未來。在英國文學史上，這孩子完成了77本書，留下了美好的形象。他的名字就是威爾斯。

稱讚的作用在於：激勵被稱讚者不斷進步，對他的一生產生深刻的影響。而且，它能溝通人與人之間的感情。

這裏所說的讚美，是指誠心誠意，真真實實的讚美，而不是虛偽的應酬話，言不由衷的阿諛之詞。並不是每個人都能給人誠心的讚美。有些人就是不肯讚美人。他們的理由是：

①第一次與人接觸，關係生疏，對人家的情況不了解，如何表示讚美？

②有的人因為成就大，獲得的評價很高，沒必要當面再去稱讚一番。

③第一次與異性交往，尤其是面對一位年輕漂亮的女郎，儘管覺得她是個美人兒，可如果從自己嘴裏發出讚美之辭，人家會認為我居心不良。

④有的人太普通了，還有許多毛病，實在不怎麼樣。就算有點可取之處，也不過是些瑣碎、細小的地方。對這種人，怎麼可能發自內心加以讚揚？

⑤對服務人員，沒有必要對他們的服務表達謝意，因為他們做得再好，也是為了賺我們的錢。他們做好本職工作理所當然，沒必要再讚揚他們。

⑥關係好的人，彼此間早已相知，何必再出口讚揚？對方從不懷疑我對他的感情和信任，似乎沒必要表達我對他的喜愛和讚賞。弄不好，反倒顯得生疏。

⑦對於上司，我不可隨便讚揚。因為，即使他真有值得稱讚的地方，對他盡說好話，別人豈不是會譏諷我溜鬚拍馬，討好上司嗎？

許多人為什麼會這樣想問題？主要是因為：

①不理解讚揚的意義，或是從庸俗的角度理解，似乎只有有求於人或巴結討好人才會有意識地給人家戴幾頂高帽子，而心地坦誠、作風正派的人不必搞這一套。

②因為沒能掌握讚揚的藝術，怕自己說錯話，或是曾經讚揚過人，但效果不佳，因而誤以為讚揚沒什麼價值。

③由於心理不平衡，嫉妒心和虛榮心作祟，對職務和成就比自己高的人不肯服輸，對不如自己的人又不屑一顧。

④老實巴交，為人拘謹，不好意思發出讚揚之辭，並

顧慮人家會對自己產生懷疑和不好的看法；

⑤只想自己需要別人讚揚，從不考慮別人也需要得到自己的讚揚。尤其是自重心理的人，即使多少能想到別人的需要，但又覺得自己人微言輕，是否出口讚揚，無足輕重，沒什麼意義。

稱讚能改變一個人。稱讚一個人的工作，會使他做得更有效率；稱讚他的行為，他的行為就會更加完善。一個人的行為和貢獻如果受到別人的稱讚，就會增加自尊心，遠離傲慢與自大。

說些善意的話，好讓人家領會你的感覺。千萬不能以為人家早已了解你欣賞他而懶得去稱讚。你親口說出來，他們將心甘情願地為你做更多的事。更何況，稱讚的詞語會使人感到親切、滿意和鼓舞，聽起來覺得順耳，有助於建立友誼，成功地與人交際。

稱讚人有幾種竅門：

首先，在一般人的觀念中，總以為別人的話比較客觀、實在。所以，以第三者的口吻稱讚，更能得到被稱讚者的好感。

其次，直接稱讚，特別是上級對下級、長輩對晚輩、老師對學生。這種稱讚的特點是及時、直接。

還有，就是當事人不在場時，背地說些稱讚他的話。許多時候，間接稱讚的話都能傳達到當事人耳中。生活中，如果我們想稱讚一個人，又不便對他當面說出，可以在他的同事或朋友面前，適時地稱讚他一番。

稱讚時應注意：

(1)要發自內心，真心實意。如果言過其實，人家就會懷疑你有何目的。

(2)最需要你讚美的不是早已名揚天下的人，而是那些自卑感很強的人，特別是那些被壓抑、自信心不足的人。得到真誠的稱讚，他們就可能自信心急增，精神面貌煥然一新，重新鼓起生活的勇氣。

(3)稱讚要具體，不要含糊其辭。否則只會使人家窘迫、緊張。稱讚越具體，表明你對被稱讚者越了解，從而越能拉近與他的關係。另外，不要稱讚他身上眾所皆知的長處，應稱讚他身上既可貴又不為人知的特點。

(4)要注意稱讚的分寸。適度的稱讚能使人樹立信心。反之，會使人反感、難堪。所以，稱讚的內容要適度，恰如其分，稱讚的方式、地點要適宜，稱讚的頻率要適當。

PART 3

第三堂課
謀生求強，出人頭地

咬緊牙關挺過去

人生的確有許許多多坎坷和磨難。每個人，一生中差不多都會遭到大大小小、程度不同的意外、不幸。

交通事故的受害者，染上令人極其苦惱的疾病，遭到火災、槍殺、偷盜等等，這些均為生命過程中的不幸。但是，切不可過度悲觀。上帝正是以這些坎坷、磨難、不幸，鍛鍊我們的品格，使我們變得堅強。

當不幸突然降臨頭上，應當怎樣認識它和對待它呢？

不幸既然已經發生，何去何從，全看自己對不幸的理解，看你具有怎樣的意志和精神。

廣東揭西縣人莊永競他在香港開了一家藥店。正當他生意越做越興隆，財富猛增，獲得聲譽，準備擴大經營時，遭到了一場浩劫——藥店被一群強盜洗劫一空，財產損失慘重。莊永競差一點就此倒下去，一蹶不振。

後來，在朋友的幫助下，他站起來了。他借款賒貨，身負40多萬元債務重新開始。遭劫之後，他爆發了一股令他自己和別人都大感震驚的勃勃雄心和火熱激情，各種經營方略都運用得恰到好處，不久便償還了債務。

經過十年奮鬥，莊永競躋身於香港豪富之林，成了名揚四海的「洋參丸大王」。

我們每個人都可能碰上環境不好、遭遇坎坷、工作辛苦的時候。說得嚴重點，我們每個人從降生到這個世界開始，就注定要經歷各種困難、折磨。

這並不是說，人世間沒有樂趣，或一個人不值得來人世間走一遭。我們雖然注定要靠勞力、靠工作維持自己的生活，雖然注定要品嘗人世間的各種各樣的悲歡離合、辛酸苦辣，但我們也有機會欣賞鳥語花香，體味人世間苦樂的真諦，領略人世間的愛心、善良、同情等是何等珍貴。

總而言之，與我們所付出的代價比起來，我們的收穫還是很值得。

不幸，會贏得他人的同情心。相識的人想通過寬慰，來撫平命運在不幸的人身上留下的傷痕。過去人人忌而恨之的人，突然成了大家同情的對象。他的沒落，使仇視他的人轉成憐憫他的人。人必須很精明，才能真正弄清其中的奧妙。

有些人專愛看到他人的不幸，尤其是事業上的對手。然而，挺住悲哀，咬緊牙關，光明自會到來。

做思想獨立之人

面對天下事，只怕你不認真，拿不定主意，沒有自己的想法，看別人的臉色行事。一旦你認真起來，不怕周遭眾人的褒貶，按照自己的想法去做，事情成功之後，眾人的議論自會平息。

有這樣一則故事——

父子倆趕著一頭驢到集市上去。路上，有人批評他們太傻，放著驢不騎，卻趕著走。父親覺得有理，就讓兒子騎驢，自己步行。

沒走多遠，有人批評兒子不孝：「怎麼自己騎驢，卻讓老父親走路？」父親聽了，趕快讓兒子下來，自己騎到驢上。

　　走不多遠，又有人批評：「瞧這當父親的，也不知心疼自己的兒子，只顧自己舒服。」

　　父親心想：「這可怎麼是好？乾脆，兩個人都騎到驢背上。」

　　剛走幾步，有人為驢打抱不平了：「天下竟有這樣狠心的人，看驢都快被壓死了！」

　　父子倆臉上掛不住了，得，索性把驢綁上，抬著走……

　　故事中那對父子的行為很可笑。但笑過後想想，我們自己是不是也經常這樣：做事或處理問題，欠缺自己的想法，或自己雖有考慮，卻常屈從於他人的看法而改變自己的想法，人云亦云，隨波逐流，一味討好、迎合他人，失去了自己的原則？

　　一位青年企業家在一次討論會上說：「如果做事怕人家提出反對意見，就放棄自己的想法，那你就失去了你自己。做人做事，必須擁有明確的立場，獨立思考。」

　　他進一步說：「每個人的想法不可能完全一致，我們不能要求每個人的看法都與自己相同。因此，我們做人做事，要看我們想達到的目標、效果，而不要過於顧慮他人的議論。時間可以證明一切。你成功了，那些議論自然止息。只要目標正確，應當做，不論得失成敗，埋頭做法。做人就應該堅定有自己的風格。」

　　歷史上有許多事例，都在告誡青年人，遇事都得問一個為什麼，都要經過自己頭腦的思考，絕對不可盲從。我

們身處的社會很複雜，許多事，不可看到周圍有許多人在做、在說，就以為那就正確。

「別人都在為自己謀利益，我也不能犯傻。」這種想法，或是因為糊塗，或是一種利己的「精明」在牽引——這些精明者並不是簡單地放棄自己的「定見」或缺乏主見，而常常是為自己的墮落尋找藉口和擋箭牌。

總之，要堅持自己做人的原則，獨立自主。有了這種獨立思考的根本，即使風雲變幻，人際關係錯綜複雜，我們也能「認得真」，不致失去獨立思考的能力，人云亦云、隨波逐流，或同流合污，不致被商業社會的種種時髦潮流所迷惑，失去自己的本色。

要成就一項事業，可能聽到許多反對意見。它們可能來自朋友與親人。他們從自己的角度考慮，或純粹是為我們擔心，可能不贊成我們的做法。也可能來自那些對我們心懷惡意的人，他們誣衊、攻擊、誹謗，把我們所要做的事糟蹋成漆黑一團。

面對這種情況，如果我們過多地顧慮別人的看法和議論，不敢堅持自己的想法，就可能半途而廢，事未成就夭折了。想要有所成就，就必須如一句格言所言：「走自己的路，管人家說什麼！」

當然，並不是說，為了堅持獨立思考，就不去認真聽取別人有益的意見。如果別人的意見有可取之處，哪怕是來自「敵人」的意見，也應該聽取。但這和喪失自己的主見、屈從於他人不正確的議論是兩回事。

做人要獨立，獨立的人必有自己的主見，有主見的人才不會人云亦云，隨波逐流，在關鍵時刻屈從於他人。

下面有兩個故事，談的都是個人獨立的問題。

蘇菲亞‧羅蘭是義大利著名影星，自1950年從影之後，拍過60多部影片，演技爐火純青，曾獲得1961年度奧斯卡最佳女演員獎。

她16歲時來到羅馬，想圓演員夢。但從一開始，她就聽到許多不利的意見。人家說她個子太高、臀部太寬、鼻子太長、嘴太大、下巴太小，根本不像電影名星，更不像一個義大利式的演員。

製片商卡洛看中了她，帶她去試了許多次鏡頭。但每個攝影師都抱怨說，無法把她拍得美豔動人，因為她的鼻子太長、臀部太「發達」。

卡洛對蘇菲亞說：「如果妳真想幹這一行，就得把鼻子和臀部動一動。」

蘇菲亞可不是個沒主見的人，她斷然拒絕了卡洛的要求。她說：「我為什麼非要長得和別人一樣不可？我知道，鼻子是臉龐的中心，它賦予臉龐以性格，我就喜歡我的鼻子和臉保持它的原狀。至於我的臀部，那也是我的一部分，我只想保持我現在的樣子。」

她決心不靠外貌而靠自己內在的氣質和精湛的演技取勝。她沒有因為別人的議論而停下自己奮鬥的腳步。她成功了，那些有關她「鼻子長、嘴巴大、臀部寬」等等的議論都「自動平息」了，這些身體特徵反倒是成了美女的另類標準。

蘇菲亞在20世紀行將結束時，獲評為這個世紀「最美麗的女性」之一。

她在自傳中這樣寫道——「自我開始從影，我就出於自然的本能，知道什麼樣的化妝、髮型、衣服和保養最適合我自己。我誰也不模仿。我從不去奴隸似地跟著時尚

走。我只要求看上去就像我自己，非我莫屬……衣服搭配的原理亦然。」

另一個故事是這樣的：

小澤征爾是名聞世界的交響樂指揮家。在一次歐洲指揮大賽的決賽中，他按照評委給他的樂譜指揮樂隊演奏。指揮中，他發現有不和諧的地方。他以為是樂隊的演奏出了錯，就重來一次。還是不行。

「是不是樂譜錯了？」小澤征爾向評委詢問。

在場的評委都口氣堅定地說，樂譜沒問題，「不和諧」是他的錯覺。

小澤征爾思考了一會兒，突然大吼一聲：「不！一定是樂譜錯了！」

話音剛落，所有評委立刻報以熱烈的掌聲。

原來，這是評委們精心設計的「圈套」。前兩位參賽者雖然也發現了問題，但在遭到權威的否定後，就不再堅持自己的判斷，終遭淘汰。而小澤征爾不盲從權威，「認得真」，就不怕別人，哪怕是權威「非之」，因而他最終摘取了這次大賽的桂冠。

蘇菲亞·羅蘭談的是化妝和穿衣一類事，但她已深刻地觸到做人的一個原則：凡事要有主見，「不去奴隸似地」盲從他人。你一定要尊重自己的鑑別力，同時培養自己健全的洞察力。

你能像蘇菲亞·羅蘭和小澤征爾那樣，堅持自己正確的意見嗎？

要知道，儘管你認定自己的意見是對的，但你面對的可是權威，或是上級、領導、有權勢的人。你可能遠沒有小澤征爾那樣幸運，可能會冒犯他們，由此遭到冷遇、孤

立和打擊——也許就是由於充分考慮到這種可能性（現實中也不乏此類事例），不少人變得唯唯諾諾，遇事不敢亮明自己的態度。

曾任北京大學文學院院長的馮友蘭先生在一篇文章中寫道：「違千夫之諾諾，作一士之諤諤。」諾諾就是討好、迎合，毫無原則；諤諤就是直言敢諫，堅持原則。

我們願意成為哪一類人？當然是正直的人、誠實的人、為偉大的事業而奮鬥的人。那就不要因為別人的非議而改變自己做人的原則，不要做那「諾諾」的盲從者，不要因為擔心個人的利益，比如財產、面子、職位等等，就像牆頭草般兩邊倒。

一個真正懂得用人的人，絕不希望自己的下屬個個如機器人般只會點頭稱諾。他必然希望他們有自己的想法，能夠獨立思考。

馮友蘭曾向他的學生講過一則關於軍人的故事——

有一位將軍，對元帥的命令從未提出過質疑，即使元帥的命令不實際。

有一天，元帥把這位將軍叫到他的營帳，告訴他：「你已被罷免，可以還鄉種田去了。」

「為什麼？你的命令，我總是服從了呀！」

「我不需要一個只會傳達命令，而沒有自我見解的將軍。」元帥回答。

服從一個有才幹的領袖誠然有其益處，但久而久之，你便可能漸漸懶得獨立思考。千萬不可太馴服，以免成一個行事不能變通的應聲蟲。

不可養成依賴別人的習慣。雖然有些人比你懂得更多，只要你打開耳朵聽，便可以從別人的經驗中得到好

處，但是，必須切記：千萬不要覺得依賴別人很舒服便服從，不可摒棄你獨立思考的原則。要努力成為一個思想獨立之人。

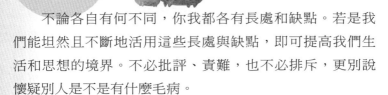

拜敵人為師

不論各自有何不同，你我都各有長處和缺點。若是我們能坦然且不斷地活用這些長處與缺點，即可提高我們生活和思想的境界。不必批評、責難，也不必排斥，更別說懷疑別人是不是有什麼毛病。

人的生命無限，未來無限。人與人之間，必須尋求互相推進之道。

一個人若堅持嚴肅認真，不辜負他人的想法，別人也抱著如此一本正經，全力以赴的態度，那就人人都能以自己的風格，恪守自己的崗位，辛勤地工作。放眼所見，人人都從善如流，力求進步，都為保持善良的天性而謹慎自守。如此一來，人與人之間就無所謂成敗勝負。

然而，一個人若自以為很真誠，卻誤以為他人都是做表面功夫的偽君子，他就難免被「眾人皆負我」的念頭所錮，變得無視於他人，時時詆毀他人，成為心狹氣窄的小人。這樣，即使人人從善如流，可彼此互不信任，那就會削減彼此的和善，減少大家同心努力的機會。

打仗的時候，有句話說：「知己知彼，乃兵家首要之事。」許多武將常說：「雖為敵人，其人表現卻頗傑出，令人敬佩。」這話昭示我們，對自己和敵人，都要給予正

確的評價。

我們若能體悟到「拜敵人為師」的精髓，了解對手，也了解自己，就能夠對每個人存在的價值得到正確的認識，做出適切的評判。做到這一點，即為人間之偉丈夫。

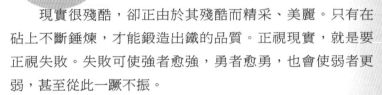

挑戰失敗，勇於競爭

現實很殘酷，卻正由於其殘酷而精采、美麗。只有在砧上不斷錘煉，才能鍛造出鐵的品質。正視現實，就是要正視失敗。失敗可使強者愈強，勇者愈勇，也會使弱者更弱，甚至從此一蹶不振。

貝多芬曾陷入近乎絕望的困境。他才華橫溢，雙耳卻失去了聽覺。他一度無法接受這個殘酷的現實，整天酗酒，甚至想一死了之。但是，音樂的力量使他重新樹立信心，給了他第二次生命。他以更堅強、更無畏的精神來正視現實：「我要扼住命運的喉嚨……」這種偉大的精神促使他在常人無法想像的痛苦中創作出舉世聞名的《命運》交響曲。

現實社會充滿挑戰與競爭。沒有永遠順風的帆。有競爭，就必然會有失敗。如果因失敗而失去信心，成功就會離你而去。反之，你若永遠充滿信心，失敗了，頑強地爬起來，義無反顧地往前走，那麼，成功就不再遙遠了。

著名的電臺廣播員莎莉‧拉斐爾在她的30年職業生涯中，曾遭辭退18次。可是，每次她都放眼最高處，確立更遠大的目標。

最初由於美國大陸的各家無線電臺誤以為女性不能吸引聽眾，沒有一家肯僱用她。她好不容易在紐約一家電臺謀到一份差事，不久又遭辭退，說她跟不上時代。

莎莉並沒有因此灰心喪氣。她總結了失敗的教訓，又向國家廣播公司推銷她的清談節目構想。電臺勉強接受了，但要她在政治台主持節目。

「我對政治所知不多，恐怕很難成功。」她一度猶豫。但堅定的信心促使她大膽地做了嘗試。

她對廣播早已輕車熟路。於是，她利用自己的長處和平易近人的作風，大談 7 月 4 日美國國慶日對她自己的意義，還請聽眾打電話進來，暢談他們的感受。聽眾立刻對這個節目產生興趣，她也因此而一舉成名。

如今，莎莉・拉斐爾已成為自己製作電視節目的主持人。她曾兩度獲獎。在美國、加拿大，每天有800萬觀眾收看她的節目。

她說：「我曾經遭人辭退18次，本來大有可能被這些遭遇所嚇退，做不成我想做的事。結果，我讓它們鞭策我勇往直前。」

失敗者常常感歎命運不濟。現實的確如此。競爭的社會，優勝劣汰，必然要求更好的心理素質。現實中常有這樣的事：一個人頗具實力，卻不能在競爭中取勝，甚至一敗塗地。究其原因，就是對競爭的心理準備不足所造成。進一步說，是因為害怕失敗，缺乏信心所致。

事實證明：在人生的棋局上立於不敗之地的人，都能做到敢於正視現實，不怕失敗，銳意進取。

狂人向前一步是偉人

羅斯福曾說：「傑出之士不是那些天賦很高的人，而是那些把自己的才能盡可能發揮到最高限度的人。」

茫茫宇宙，星球如恒河沙粒，不可計量，而一切星球都在各自的軌道上獨立運行，顯得有條不紊，井然有序。這是因為太空中的星星並非都是無拘無束的流浪漢，多數有自己固定的「國籍」，即星系。每個星系都擁有對星系成員的強大約束力，即向心力。

以太陽系為例，太陽以其強大的吸引力，俘獲了九大行星，使九大行星都圍繞著太陽這個中心運轉。

科學家指出：整個宇宙也以某種速度在運轉。

生命的運行也是如此。通過紛繁複雜的日常行為，我們也能找到運行的生命之內核：自我意識。這個內核並不是與生具來，而是在現實的鬥爭中逐漸形成。從混沌到有序，其中經過了一段漫長的過程。

拿破崙在學校讀書時，笨得出奇。不論是法語還是其他外語，他都不能正確地書寫，成績一塌糊塗。而且，少年的拿破崙十分任性、野蠻。

在他的自傳中，他這樣寫道：「我是一個固執、魯莽、不認輸，誰也管不了的孩子。我使家裏所有的人感到恐懼。受害最大的是我的哥哥。我打他、罵他。在他未清醒過來時，我又像狼一樣瘋狂地向他撲去。」

不僅如此，拿破崙還襲擊比他大的孩子。他臉色蒼

白、體質羸弱，卻常讓他的對手不寒而慄。

家裏的人都罵他是蠢材，稱他「小惡棍」。可是，在這個遭人白眼的孩子心中，信念的力量正悄悄滋長著。他朦朧地意識到自己的與眾不同，只是還未真正地認識它。而且，他心中有一種狂妄而任性的想法：凡是我想要的東西，都要歸我所有。

一天天長大，拿破崙開始更理智、更成熟地關注自己。他常常沈溺於同齡人所無從想像的冥思苦想之中，他瘋狂地迷戀各種複雜的計算，學會了用冷靜而徹底計算過的理智控制自己的行動。他驚奇地看到自己表現出來的出色思考力，第一次真正認識了自己。他的行動變得果敢而敏捷，富於抗爭精神。一種嶄新的渴望點燃了他生命的熱情。終於，有一天，他明白無誤地告訴自己：「是的，我具有最出色的軍事家的素質。權力就是我要得到的東西！」

清醒的自我意識一旦形成，便發揮出巨大的推動力。拿破崙在成功之路上連戰連捷，勢如破竹。35歲時，他登上法國皇帝的寶座。

拿破崙的奮鬥歷程告訴我們：積極的自我意識形成的過程同時是不斷和現實抗爭，不斷認識自我、超越自我的過程。創業者正是在拼搏中認識自我，最終實現自我。

無數事實和許多專家的研究成果告訴我們：每個人身上都有巨大的潛能沒有開發出來。

美國的心理學者威廉‧詹姆斯據其研究成果如是說：「普通人只發揮了他蘊含之潛力的十分之一。與應當取得的成績相比，我們不過是半醒著，只利用了我們身心資源的很小一部分……」

既然人人都擁有巨大的潛能，為什麼實際生活中，人

與人卻是千差萬別呢？這當然是由心態與努力程度不同所決定，也和所受的教育和所處的環境不同有關。只有具備積極的自我意識，一個人才能體會出自己是個什麼樣的人，並知道自己能夠成為什麼樣的人。他能積極地開發和利用自己身上的巨大潛能，幹出非凡的事業。

對付自己的對手，要各個擊破

在較量的場合，你的敵手不一定只有一個。若你的所有敵手們聯合起來，對你就很不利。要打倒他們，最好的辦法是各個擊破。

你可以施計讓他們反目成仇，自己置身事外，看他們彼此較量，也可以加入他們的爭鬥，幫助弱的一方，把強的一方擊敗，然後回過頭擊敗弱的一方。

國民黨的保密局特務頭子毛人鳳在戴笠死後，聯合弱的鄭介民擊倒強大的唐縱，讓鄭介民當局長，然後再打倒鄭介民，最後終於謀到局長的位子。

唐玄宗在位時，奸相李林甫也很善於利用這種方法。他總是能將敵手打倒，牢牢地坐在宰相的位子上，一直延續了19年。

戶部尚書裴寬為玄宗所器重。李林甫恐他入相，內心十分嫉恨。刑部尚書裴敦復「平賊有功」，得到玄宗的表彰，李林甫也忌恨之。正好二裴之間本有矛盾，李林甫便從中挑撥，使兩人矛盾擴大。他指點裴敦復去買通楊貴妃的姊姊，在玄宗面前造裴寬的謠，致使裴寬被貶為睢陽太

守。接著，天寶四年（745年），李林甫暗施明升暗降之法，藉口裴敦復戰功彪炳，奏請玄宗讓他充任嶺南五府經略使。裴敦復稍稍遲疑，沒有及時赴任，即被李林甫奏了一狀，以「逗留京師」之過，貶為淄川太守。就這樣，不到一年的時間，李林甫整倒朝中的兩位大員，阻止了他們入相的機會，減少了對自己權力的威脅。

春秋時代，齊國有田開疆、古冶子、公孫捷三勇士。這三人功勞都很大，極受齊景公的寵愛。三人更結成異姓兄弟，自詡為「齊國三傑」。他們倚仗自己勇力過人，十分傲慢，目中無人，對景公構成很大的威脅。晏子請求除掉他們。景公計出無門。派人去刺殺，不可能，因為他們武藝高強。晏子就想了一個妙策。

有一天，魯國君主昭公來訪，景公設宴接待。三位武士持劍而立。

席間，晏子說：「御園的桃子已熟，摘一些來，獻給兩位君主。」

景公派人去摘。晏子親自前往，以示莊重。一會兒，桃子摘了回來，金盤上放了六個。兩位國王各拿了一個吃起來。

景公一時高興，對魯國大臣叔孫婼說：「此桃是人間仙物，得之不易，叔孫大夫賢名著於四方，請吃一枚！」

叔孫婼連忙跪奏：「我哪能比得上貴國的賢相？仙桃應賜予晏相國。」

景公便說：「既然叔孫大夫推讓相國，可各賜酒一杯，桃一枚。」二人跪而領之，謝恩而起。

這樣一來，吃桃子就成了至高無上的榮譽。

盤子裏只剩下兩枚桃子。晏子請示景公後，傳諭兩旁

文武，要每個人自報功勞，憑功賜桃。

公孫捷首先仗劍而立，開口說道：「我隨主公在桐山打獵，力誅猛虎，這功勞怎麼樣？」

晏子說：「擎天保駕，功勞很大，可賜酒一杯，食桃一枚。」

公孫捷領了桃，十分高興。

古冶子見狀，奮然站起，說：「打虎算得了什麼？我曾隨主公，在黃河的波濤中，斬妖龜之頭。這救主之功怎麼樣？」

晏子說：「在波濤洶湧之中，若不是勇士斬斷妖龜之頭，船一翻，一船的人都很危險呢！這真是蓋世之功，應當食桃飲酒。」說罷立即賞桃、賜酒。

這時，田開疆挦起衣服，大步走上來，說：「我奉命征伐徐國，斬殺敵將，俘敵五百多人，使徐國君主恐懼，納款而降，威震鄰邦，為主公奠定了盟主之位，這功勞怎麼樣？」

晏子說：「您的功勞比剛才二位的確大十倍也不止。但金桃已賜完，請飲酒一杯，等待明年吧！」

景公也說：「卿的功勞最大，但話說得太遲了。」

田開疆不由一陣怨怒升上心頭，按劍大喊：「斬、龜打虎，算得了什麼！我跋涉千里，血戰成功，反而不能食桃，受辱於兩國君臣之間，為萬代恥笑，有何面目立於朝廷之上？」說完揮劍自刎而死。

公孫捷一看大驚，也拔劍說：「我們功微而食桃，君功大，反不能食。取桃不讓，是不謙；看到別人死而不跟從，是不勇。」也揮劍自刎而死。

古冶子奮力大呼：「我三人義同骨肉，誓同生死，兩

人已亡，我苟活於世，於心何安？」隨即揮劍自刎。

片刻間，三大勇士俱死於朝堂之上。

這就是著名的「二桃殺三士」的典故。

這場爭鬥，晏子充分利用了三個勇士居功自傲，講究信義的心理特點，故意用兩個桃激起他們的矛盾，達到自己的目的。

顯示強弱，爭取有利的位置

人不太容易改變自身條件的強或弱，卻可以以示強或示弱的方式，為自己爭取有利的位置。

叢林裏的生態圈似乎得自天定的，強與弱，誰都不可能加以改變。人類社會則有所不同。人類固然也有先天及後天的強與弱，但因為人類有智慧，可以通過學習及經驗的累積，在人性叢林中巧妙地獲得生存的機會，進而為自己爭取較豐沛的利益。

有一個法則，很值得每個人在人性叢林裏進出時參考。那就是──遇強示弱，遇弱示強。

「遇強則示弱」，意思是：如果你碰到的是個有實力的強者，而且他的實力明顯高於你，那你不必為了面子或意氣而與他爭強，因為一旦硬碰硬，固然也可能摧折對方，但毀了自己的可能性更高。因此，不妨向他示弱，以化解他的戒心。

以強欺弱，勝之不武，大部分強者是不做的。但也有一些富於侵略性格的「強者」有欺負「弱者」的習慣，因

此，示弱也有讓對方摸不清你的虛實，降低其攻擊有效性的作用。一旦他攻擊失效，他便有可能收手，你便獲得了生存的空間，並可伺機反轉雙方的態勢，使他再也不敢隨便動你。

至於要不要反擊，你要慎重考慮，因為反擊時，你也會有所損傷，這個利害必須加以權衡。何況，你還不一定可以擊敗對方。須知，「存在」才是主要的目的。

「遇弱則示強」，意思是：如果你碰到的是實力較你弱的對手，那就要顯露你比他「強」的一面。這並不是為了讓他來順從你，或滿足你自己的虛榮心。

弱者普遍有一種心態，不甘願一直做弱者，因此他會到處尋找對手，好證明他也是一個「強者」。你若在弱者面前也示弱，正好引來對方的殺機，徒增不必要的麻煩。示強，可使弱者望而生畏，知難而退。所以，這裏的示強是防衛性的。須知，不是侵略性的，而侵略也可能為你帶來損失。若判斷錯誤，碰上一個「遇強示弱」的對手，那你不是極可能輸得很慘嗎？

人性叢林裏沒有絕對的強與弱，只有相對的強與弱；也沒有永遠的強與弱，只有一時的強與弱。因此，強者與弱者之間最好維持一種平衡、均勢。

國與國之間不易做到這一點，人與人之間卻不難做到。只要你願意，不論你是弱者或強者，「遇強示弱，遇弱示強」就是其中一個方法。

沒有把握的事，不輕易出手

　　小心行得萬年船，不要追求一時的風光。人生是一場馬拉松賽而不是短跑，為了牟取暴利而冒險行事，即便有一次成功了，也不能保證你未來不會遭淘汰。沒有把握的事，就不要出手。

　　你是否聽過一個這樣的小故事：

　　一個職員在單位因為職位低而被人看不起。後來他發現，無論職位多高的人，在買火車票的問題上都很困擾。所以大家一致認為，能在別人買不到車票的情況下搞到票的人很有本事。

　　這個職員本來在火車站沒有熟人，為了表明自己很有能力，他硬是對別人說他能搞到票。為此，有很多同事請他幫忙。他有求必應。但是，他自己在火車站本沒有熟人，只好半夜三更去排隊買票。後來，托他買票的人越來越多，他把自己逼進了死胡同，有時不得不自己貼錢買高價票，更別說抱著被子上火車站一待就是一夜的痛苦了。

　　這就是沒有考慮自己的能力，輕易答應幫忙造成的後果。票買來了，大家認為你真了不起；買不來，人家就會認為，你既然能幫別人買，為什麼不能給他買，是看不起他吧？就這樣，反而失去了信譽。這說明，如果你沒有一定的能力，還是不要把事情往自己身上攬。這正應了中國的句古話：「沒有金剛鑽，不要攬瓷器活。」

　　「金剛鑽」是幹「瓷器活」所必備的工具，沒了它，

就無法完成工作。你若不具備某種能力，卻誇下海口，大包大攬，結果只會耽誤了事情，進而影響到你的聲譽。人會覺得：其實你根本就不行！

美國有一家大公司的總會計師，才35歲，才華橫溢，收入豐厚。他是在拿到會計學碩士學位之後，經過一段努力，幹到了這個職位。但是，最近他受到極大的挫折，憂心忡忡，最後不得不接受心理諮詢。

在心理醫生面前，他講述了自己的經歷。

他在9歲和17歲時，有過兩次成功的經歷：一次是推銷雜誌，發展到有好幾個小夥伴幫他一起幹；另一次是和別人合作成立了一家印刷廠，他幹業務，攢下來的錢足以供他上學之用。兩次都是成功的推銷技能幫了他的忙。

後來，由於父親的建議，他在大學主修會計學。他就憑著之前幹推銷和經營印刷廠掙來的錢拿到了碩士學位。

從學校畢業，他就被現在的這家大公司錄用，一直幹到總會計師的位置。可是，他的工作經常遭人指責，碰到了越來越多工作上的挫折，常常有人議論他總會計師的工作。他總是在一週結束時才感到高興。結果，他的上司、同事對他的工作越來越不滿，他自己也對自己越來越失去信心。

心理醫生幫他解開了他的心結：他並未具備從事總會計師工作的能力。他雖然獲得了碩士學位，但他的興趣不在此。若是擔任一名普通會計人員他還可以勝任，至於「總會計師」一職則超出了他的能力範圍。

在諮詢活動後，他終於想通了。他主動向公司請辭「總會計師」一職，轉到銷售部。這家公司失去了一個名不副實的總會計師，卻得到一個樂此不疲，富有成效的銷售

管理人員。

他後來談到這件事，這樣說：「永遠也不要幹你自己無法勝任的事。那樣做，必定會害了你自己，你會很不快樂，憂心忡忡，因為你做的都是你所無法完成或最多也只能勉強完成的業務，從而也傷害了信任你、委託你辦事的人，對工作更是一種損失。」

能力是你幹成一件事的必要條件。這條件若不具備，就不要貿然行動，以免成了無謂的冒險。

你害怕冒險嗎？如果是，你並不孤獨。因為大部分人都害怕冒險，只有極少數人是天生的冒險家。

為什麼有些人面對風險時悠然自若，而且能經由冒險而成功？因為這些人都懷著「不入虎穴，焉得虎子」，「不冒高風險，焉能投資致富」的雄心。

不過，正確的風險觀應該是：「去冒值得冒的險，然後設法降低風險。」

成功的投資家是以「致富」作為冒險背後的動力，儘管必須承受價格波動起伏的壓力，但只要期望報酬高，冒險終會獲致成功。

每個人所能承受風險的限度都不一樣，這與個人的條件和個性有關。一個人必須主觀上願意承擔風險，客觀情勢也能讓他承受風險，風險才不致造成傷害。超過了風險的限度，風險就變成一種負擔，可能會對我們的情緒或心理產生負面影響。過度的風險會帶來憂慮，憂慮則會影響到我們生活的各個方面，包括健康、工作、家庭生活、交友等等。

每次要進行投資之前，務必先了解可能遭遇的風險，並對每個可能發生的狀況，預先設想應變方案。必須分析

盲目冒險的成分有多大，預估成功的機率有多少。而且，在整個過程中，必須不斷地重新評估。

　　凡事必須做最壞的打算，並做最好的準備。投資理財更應該如此。在進行任何投資前，無論你有多大的把握，都應思考一下：「未來可能出現最壞的情況是什麼？」然後自問：「最壞的情況發生時，我能不能承擔？」如果答案是肯定的，那麼只要投資的預期報酬率夠高，就應投資。如果最壞的情況發生時，你無法承擔，那麼報酬率不管多麼誘人，也應斷然拒絕投資。

　　想「混」得好，一定要冒險，但放膽冒險，也不一定能「混」得好。冒險，就得面對風險，值得面對的風險是長期平均而言，具有高報酬率的風險。

　　有些人的問題不是缺乏冒險精神，而是冒了不該冒的險。他們不知道冒什麼樣的險才能投資致富。

　　長期平均而言，股票、房地產是具有高期望報酬的投資標的。所謂冒值得冒的風險，便是將資金投資在高報酬的投資標的上，並勇於承擔其所伴隨的高風險。

　　有一種遊戲，參加者必須出100元。參加這種遊戲的結果是：有99.9%的機率會損失100元，0.1%的機率可以獲得95000元。請問，你會不會參加這種遊戲？

　　經過調查，65%以上的學生會選擇玩這種高風險的遊戲。理由很簡單，因為這種遊戲風險固然很高，但就算輸了，頂多損失100元；若贏了，就可得到95000元的高報酬。

　　殊不知，這種遊戲，其期望報酬率為負值，就算你贏了一次，但長期玩下來，你必輸無疑。這是典型的不值得冒的風險。

　　你若有機會造訪美國大西洋城等地的賭城，或是著名

的澳門賭城，你將會發現，裝潢豪華的賭場大廳竟然看不見窗戶，也沒有時鐘。為什麼？這是因為賭場要利用「大數法則」贏你的錢。沒有時鐘，也沒有窗戶，目的是讓你分不清晝夜，玩到忘了時間。因為你玩得愈久，玩的次數愈多，在賭場輸錢的機率就愈大。

賭之所以必輸，就因為賭博的期望值為負值。少數幾次看不出來，但經過長時間觀察，期望值逐漸呈現出來，就會了然，賭久了，必輸無疑。所以識者說：「十賭九輸」、「久賭必輸」。這與大數法則的原理不謀而合。

所謂「大數法則」，是指遊戲的次數愈多，報酬率愈接近該遊戲的期望值。

賭博也許可以成為一種娛樂方式，但絕對贏不了錢，因為它的平均期望報酬率比銀行存款利率還低。

的確，賭博的最高可能報酬非常驚人，但它的平均期望報酬卻是負值。冒這種風險，不但無法致富，反而可能害得你傾家蕩產，家破人亡。

報酬率低的風險千萬不要冒。例如樂透彩、六合彩、彩券、賭博等，都是高風險、低報酬的活動。你可以抱著娛樂的心態去玩以上幾種遊戲，但千萬不要妄想這些遊戲能夠為你帶來財富，「混」出個名堂。想入非非，只能帶著你走向窮途。

從不同的角度尋找突破口

在人際交往中，若有人別有用心或有意無意地提出一

些難以回答的問題，必須避免正面的攻堅戰，不按對方的邏輯、思維作答，以免陷入窘境。

回答者要別出心裁，獨闢蹊徑，從不同的角度尋找突破口，方能出奇制勝，答出奇特效果，化被動為主動。如何巧答刁難的問題呢？有如下方法：

1‧以矛攻盾法

有些人心懷叵測，挖空心思，以問難人，提出的問題又不合客觀實際，出現矛盾。答者可先假定問者的某個論點是真實的，然後以此為根據，去推論他的另一個論點，使兩者之間出現深刻的矛盾，得出一個荒謬的結論，化被動為主動。

有個小孩買了肉，到天秤處一秤，一斤差一兩。小孩要屠戶添肉。

屠戶說：「傻孩子！少一點不是輕些，拿起來方便些嗎？」

小孩一想，放了兩塊錢在案板上就走了。

屠戶喊道：「小傢伙，還差錢！」

小孩說：「沒關係！錢少，數起來方便些。」

小孩的一句話，噎得那屠戶張口結舌。

2‧類比反駁法

即根據提問者所問的內容，列出一個與之相類似的內容，兩相比較，找出相同點，得出結論，證明對方提問的內容站不住腳。

一家英國電視臺的記者採訪梁曉聲，問道：「沒有文化大革命，可能也不會產生你這一代青年作家。那麼，在你看來，文化大革命究竟是好還是壞？」

此問之刁，分明是誆人上當。

梁曉聲靈機一動，立即反問：「沒有第二次世界大戰，就沒有以第二次世界大戰為背景創作而聞名的作家。那麼，你認為，第二次世界大戰是好還是壞？」

他巧妙的回答，把球踢給了對方。英國記者一愣，無言以對。

梁曉聲以其人之道，還治其人之身，轉敗為勝。

3．轉移論題法

提問人提出的問題太難答，可以對他的問題避而不答，選擇另一個話題論述。由於巧妙的回答能顯露答者的機敏和智慧，問者也會感到滿意。

1974年，中華人民共和國總理周恩來在醫院內會見泰國總理克立。克立帶著神祕的笑容問道：「早幾年，貴國人民都戴毛澤東的像章，而您只戴『為人民服務』的胸章，即便是最熱愛毛主席的時候也如此。而現在大家都不戴像章了，為什麼您還戴？而且把普通的胸章換成領袖的像章？」

這一連串問題，難就難在當時的政治氣候，周恩來很難回答，不答又不禮貌。如何作答呢？周恩來笑了笑，說：「看來克立先生對我國的像章很有興趣。我把這枚像章送給您吧！」

答得巧，既照顧了對方的面子，又使自己擺脫了窘境。

4．怪問怪答法

怪問，多不合事實。答者可以不拘泥於事實，以歪對歪，根據問話內容隨機應變，自圓其說。

有個美國詩人請著名作家蔣子龍解個難題：「把一隻五斤重的雞裝進一個只能裝一斤水的瓶子裏，您用什麼辦

法放牠出來？」

此問意在使蔣難堪。

蔣子龍笑了笑，說：「您怎麼裝進去，我就怎麼放出來。您顯然是憑嘴一說就裝進去，那我就用語言這個工具把雞放出來。」

此答妙在以歪解歪，猶如以石擊卵，不用吹灰之力，便使那美國人心服口服。

5·閃避應答法

即表面上答非所問，實際上是以退為進，對難以言對的語勢鋒芒採取迴避之法，繞開提問內容而談與其相關的問題，移花接木，取而代之，達到目的。

日本一著名演員到上海進行藝術活動。中國朋友十分關心這位30歲還未結婚的女電影藝術家。

有人問道：「小姐，妳準備什麼時候結婚？」

這位演員笑著回答說：「如果我結婚，就到中國來度蜜月。」

這一答十分巧妙，把「什麼時候結婚」的問題變成了「何地度蜜月」的問題，避開了她不想正面回答的問題，也使問話者不好意思再問下去。

6·借石反砸法

即借用提問者提問的內容，用類似的方式反擊他。就好比對方投來一塊石頭，企圖傷害你。你撿起這塊石頭反砸過去，回擊對方。

50年代，一位美國記者在採訪中共總理時，看到周恩來桌上有一支派克鋼筆，便問：「請問總理閣下，你們堂堂中國人，為什麼還用我國的鋼筆呢？」

此問刁在譏諷。周恩來風趣地說：「談起這支筆，話

就長了。這是一位朝鮮朋友的抗美戰利品，當成禮物送給我。我無功不受祿，拒收。那朋友說，留下做個紀念吧！我覺得很有意義，就留下了這支貴國的鋼筆。」

那美國記者聽了，如鯁在喉，目瞪口呆，在周恩來機智巧妙的回答中討了個沒趣。

掌握了這些變通的方法，就可以使自己化被動為主動，在與別人的語言交鋒中遊刃有餘。

不要為自己找藉口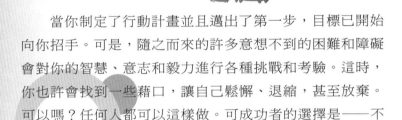

當你制定了行動計畫並且邁出了第一步，目標已開始向你招手。可是，隨之而來的許多意想不到的困難和障礙會對你的智慧、意志和毅力進行各種挑戰和考驗。這時，你也許會找到一些藉口，讓自己鬆懈、退縮，甚至放棄。可以嗎？任何人都可以這樣做。可成功者的選擇是——不可以。

不成功的人有一種共同特徵，就是常能找到許多失敗的理由，而且抓著這些他們相信是毫無破綻的藉口不放，以解釋他們為何成就有限。

他們所有的精力與時間都花在尋找藉口，失敗是必然的結果。

有些託辭要耍點小聰明，而且也情有可原。但藉口不能用來賺大錢，世人只會問你成功了沒有。

性格分析家蒐集了許多最常用到的藉口，列成清單。讓我們觀覽這份清單，仔細檢討自己，看看其中有多少藉

口是我們自己曾經運用的。

- 要是我沒有小孩和家庭……
- 要是我有十足的「魅力」……
- 要是我有錢……
- 要是我受過良好的教育……
- 要是我找得到工作……
- 要是我身體健康……
- 要是我運氣好一點……
- 要是時機好一點……
- 要是人家了解我……
- 只要我的處境有變……
- 要是能從頭再來……
- 要是我不怕人家怎麼說……
- 要是我曾有過一次機會……
- 要是現在我有機會……
- 要是人家不「恨我」的話……
- 要是沒有阻撓、干預……
- 要是我再年輕一點……
- 要是我能隨心所欲……
- 要是我出生於富人之家……
- 要是我碰上了「對的人選」……
- 要是我擁有他人所擁有的天賦……
- 要是我敢假設我自己……
- 早知道，當初應該把握機會……
- 要是別人不逼我，使我神經緊張……
- 要是我不用理家、帶小孩……
- 要是我能存點錢……

- 只要老闆賞識我⋯⋯
- 只要有人出手幫我忙⋯⋯
- 要是家人了解我⋯⋯
- 要是我住在大都市⋯⋯
- 只要我開始起步⋯⋯
- 只要我自由了⋯⋯
- 要是我有某某人的個性⋯⋯
- 要是我沒有這樣胖⋯⋯
- 要是我的天分被發掘⋯⋯
- 要是我能有所「突破」⋯⋯
- 只要我能清償負債⋯⋯
- 要是我不曾失敗⋯⋯
- 只要當初我知道應該⋯⋯
- 要是沒有人反對我⋯⋯
- 要是嫁（娶）對了人⋯⋯
- 要是沒有那麼多煩惱⋯⋯
- 要是大家沒那麼沈默寡言⋯⋯
- 要是家人不那麼揮霍無度
- 要是我對自己有把握⋯⋯
- 要是運氣不背⋯⋯
- 要是生辰八字對了⋯⋯
- 要是「該來的會來」不是真理⋯⋯
- 要是拼命工作⋯⋯
- 要是錢沒賠掉⋯⋯
- 要是住在別的住宅區⋯⋯
- 要是我沒有「過去」⋯⋯
- 要是我有自己的事業⋯⋯

．要是別人肯聽我的話……

．要是這部分是其中最重大的一項……

以上這些習慣是人類自古以來所逐漸累積，是成功的致命傷！

為什麼有那麼多人死命地抓住藉口有如抱著寵物，不肯放手？

答案很明顯。因為他們創造了藉口，所以他們維護藉口！每個人的藉口都是自己想像的產物。呵護自己頭腦中繪出的產物，是人類的天性。

找藉口是根深柢固的習慣甚至可能積重難返。

柏拉圖說：「最大和最初的成功是征服自己；最可恥的罪過莫過於被自己打敗。」

另一位哲人也有相似的說法：「我發現自己在別人身上看見的醜惡，竟不過是我自己本性的反映。這使我大驚失色！」

「對我而言，這始終是個謎。」哈伯德說：「為什麼大家花那麼多時間，處心積慮地捏造藉口，搪塞自己的弱點，欺騙自己？如果時間用到不同的地方，同樣的時間足以矯治弱點。這樣，藉口就派不上用場了。」

請記住：「人生是一局棋，你的對手是時間。如果動手前，你猶豫不決，或者沒有立即採取行動，你的棋子會被時間吃掉。你碰上的是容不得你遲疑不決的對手！」

成功只降臨在那些自覺會成功的人身上。失敗則降臨在滿不在乎、任由自己自覺會失敗的人身上。

從美國聞名於世的西點軍校畢業的人都知道，人生一世，面對諸多難題，有４個足以獲益終生的標準答案，其中１個就是：不找任何藉口。

西點軍校有一個由來已久的傳統：遇到學長或軍官問話，新生只能做出4種回答：

- 「報告長官，是！」
- 「報告長官，不是。」
- 「報告長官，沒有任何藉口。」
- 「報告長官，不知道。」

除此之外，不能多說1個字。

比如軍官問道：「你認為你的皮鞋這樣就算擦亮了嗎？」

你的第一個反應肯定是為自己辯解：「報告長官，剛才上課時，有人不小心踩了我。」

但這樣回答可不行。你不能做出任何辯解，只能從上述的4個標準答案中選擇一個作答。所以，你只能回答：「報告長官，不是。」

軍官問為什麼。

你再答：「報告長官，沒有任何藉口。」

學校做出這樣的規定，是要讓新生意識到任何時候，只有行動最重要。因此，任何時候都要學會忍受不公平。只有堅持這種信念，才會激發自己的潛能，真正實現說到做到。

PART 4

第四堂課
學會說服，無往不利

讓上司從多項建議中做出選擇

　　猶太人亨利‧季辛吉在美國政府中的生涯可謂壯麗輝煌。他第一次嶄露頭角，引起美國大眾注意，是在身任已故的前紐約州州長納爾遜‧洛克菲勒的外交政策顧問之際。當時，洛克菲勒竭力向理查‧尼克森推薦季辛吉，終使季辛吉後來成了美國的國務卿。

　　繼尼克森之後，傑拉爾德‧福特接任總統。他上任後的第一件事就是重新任命季辛吉為國務卿。

　　還有隆納‧雷根，雖然他被迫向極右支持者許諾他將不會任命季辛吉為國務卿，但他經常向季辛吉的請教。

　　與總統或將成為總統的人打交道，季辛吉喜歡用的手法之一就是讓他們做各種選擇。至少在重要問題上，他努力向他們提供許多可能性，供他們選擇，而不是提出一個特定的政策或特定的行動方針。

　　季辛吉總是精心列舉各種可能性。他列出每個可行的方案，並認真寫下它們所有的優點和缺點。他絕不會只推薦其中任何一個。

　　從上司的角度來看，這種方法的優點顯而易見。當然，這種方法不只局限於外交活動場所。在處理相當細微的瑣事之時，也可以很有效地應用它。

　　波特受託為一家小公司處理雇員關係。這家公司已經接受了大量訂單。為了完成任務，公司增加了勞動力。為此，曾一度寬敞的公司停車場變得擁擠不堪。員工們為了

有限的停車位，展開激烈的爭奪，而且，所用言語刻毒。一天早晨，兩個員工為了爭奪停車位發生口角，終致動手打架。

波特看出這個問題必須報告上司，因為他所能想到的任何一種解決方法，都超出他的職責範圍。他向上司列出了一些可供選擇的方案，而不是把這件事情往上司身上一推了事，或者提出一個擬訂好的方法，勸上司採納。

這些可供選擇的方案包括：擴大停車場；租車，在停車場和交通便利的地方之間接送工人；停車收費，並把盈利納入雇員的娛樂金；組織汽車聯營……等等。所有這些方案各有利弊。波特簡要地說明了這些利弊。結果，他的建議被順利地採納了。

在求職的過程中成功地進行自我推銷

在激烈的市場經濟競爭環境中，尤其是面對人才市場的激烈角逐，一個人想要躋身於優秀人才之林，以得到最佳能發展空間，充分展現和奉獻自己的聰明才智，彰顯自己的價值，就必須主動自我推銷。這十分重要。

1．自信是求職時成功地推銷自己的第一祕訣

不論你希望從事什麼職業，都要首先去除對該種職業的畏怯心理。你必須認定自己有資格擔任那項工作，如果被僱用，會做得很好。這是求職者必須做好的一項心理準備。

戴爾‧卡耐基在做了一段時間推銷教學課程的工作之後，想再找一份推銷員的工作。他換上嶄新的襯衫，認認真真地打好領結，把皮夾克刷得乾乾淨淨，擦亮皮鞋，信心十足地走進了阿摩爾公司的辦事處。

　　阿摩爾公司總裁洛佛斯‧海瑞斯是一個典型的美國西部老頭，行動遲緩，與做事喜歡雷厲風行、乾淨俐落的卡耐基似乎格格不入，但是他工作時的認真正卻是戴爾所欽佩的。

　　「年輕人，我不管你以前幹過什麼工作，因為在我這裏，你還沒有開始，你必須接受一個月的職前訓練。」海瑞斯兩道深邃的眼光審視了戴爾一眼。他對這個精神抖擻的年輕人印象不錯。

　　「但是先生……」

　　「沒有什麼但是，你從明天起，週薪17塊31分，開始推銷工作之後，外加食宿及旅費。」海瑞斯以不容置疑的口吻，表現出認真工作時的非凡魄力。

　　「抱歉，先生！我寧願另尋他處。」卡耐基儘管急需一份工作，但年輕人的血氣方剛，使他不能容忍海瑞斯這種獨斷專行的指令方式。他說完話，立刻轉身準備離開。

　　「等一等，年輕人！」也不知是出於什麼原因，海瑞斯扔掉菸頭，站起來挽留卡耐基。憑直覺，他感到這個年輕人一定能成為出色的推銷員。他語氣放得很溫和地說：「年輕人……哦，卡耐基先生！我不得不告訴你，通常這家公司的應聘者只能按我的旨意行事。但這次我破例。我願意先聽一下你的意見。坐下來談吧！」

　　卡耐基驀然感覺到自己剛才太無禮，衝撞了好心的海瑞斯。實際上，每週17塊31分，外加食宿及旅費，這薪資已

經是相當不錯的待遇了。

　　他開始解釋他不能接受海瑞斯所提之條件的原因：一個月的職前培訓，這不符合他的處事風格。他希望能夠立即投入工作，不想耽誤一分鐘。

　　海瑞斯聽完戴爾的解釋，看著這個瘦弱的年輕人，一絲欽佩之情不覺油然而生，從心裏感到這個青年人多多少少有點與眾不同。

　　他猶豫了許久，反覆考慮著卡耐基誠懇的建議。最後他提起筆，迅速寫下一行字，遞給卡耐基：「戴爾·卡耐基，南達克達區西部。」

　　這意味著卡耐基憑藉著自身的自信說服了海瑞斯，找到了工作。

2·知己知彼，有備無患

　　除了心理層面，求職時還要做好以下各項準備：

　　❶掌握徵人單位的基本情況。諸如它的過去、現狀以及發展趨勢、目前的經營狀況、優勢或存在的問題等。其次，要了解它的人員結構、人才政策及對人員的具體要求，了解越多越有助於求職的成功。

　　❷蒐集職業資訊。獲得的資訊越廣泛，求職的視野越寬闊；資訊質量越高，獲得理想職業的把握也就越大。

　　❸建立個人的業務檔案，注意積累求職資本。求職資本包括自己的學歷、知識、技術、工作經驗，以及思想、品德、作風，還有多方面的適應能力、人際交往能力。

3·掌握面試的技巧

　　對求職者來說，面試是向用人單位展示自己的才華，表現自己的個性，進行自我推銷的極好機會。參加求職面試，要注意以下幾點：

❶全面介紹自己。在自我推銷的過程中，要堅持「實事求是」的原則，全面向用人單位介紹自己，不僅介紹自己的知識、技能、品德素質等方面現已達到的程度，以及自己擁有的優點，還要介紹自己的潛能和發展趨勢，經過短期努力，可能具備的才幹。這樣，用人單位就能全面掌握你的求職條件，而不至於僅僅停留在「姓名、性別、年齡、學歷、專業」等粗淺的了解上。

❷注重服飾打扮。接受面試之前，對自身形象要認真設計一下，使自己的衣著、言語行動都符合一個求職應試者應有的風貌。因為這通常也是用人單位選才的標準之一。要成功地推銷自我，就必須從衣著上注意修飾自己的「形象」。首先，衣著應當配合自己的身分。其次，裝束、打扮要注意與所求的職業相稱。珠寶店的求職者不同於煉鋼廠的應徵者；想當一個高級化妝品的推銷員，在打扮上就不同於想當一個清潔工的人。

❸強化交談技巧。在面對用人單位主持聘用工作的高階人員時，必須運用言語技巧去吸引他們，有條不紊地表達自己的意圖。這包括：選擇適當的用語，安排妥當的說話內容和順序；充分注意對方的反映，靈活地調整自己的話語；不要使用有可能傷害言語之影響力的「不理想用語」，如毫無意義的「嗯」、「呃」、「這個」等，以免破壞話語的連貫性，導致對方感到焦躁；少用限定詞「但是」、「不過」、「可能」、「大概」等等，因為這些限定詞加上低頭順眉的身體語言，會傷害你的信用度，降低你所發言的價值；少用或不用容易使人產生疏離感的專門術語和容易得罪人的稱呼，更不應該用開玩笑的口吻說正經事，因為他們會使對方感覺到你「不實在」、「不可愛」，最終影響

你的獲聘機會。

在面試過程中，專心傾聽也很重要。要把視線對著主持面試者面部表情的三角區，仔細傾聽他說的話，並不時微笑、點頭或簡捷地回答，如「對！」「您說得很有道理。」「是嗎？」等等，以表示你是在用心傾聽，很尊重對方的。

面試時還要注意說話時聲音的清晰、動聽。說話的聲音和語調會顯示一個人的氣質、修養和文化內涵。面對初次見面的人，說話的速度，聲音的高低粗細，有時比實際內容更能傳達一個人的心思。因此，在面談時，如果能運用動聽清晰的聲音，使語音、語調同談話的內容妥帖地配合起來，就會給用人單位留下一個充滿自信和朝氣的印象，被錄取的機率就能大大地提高。

❹充分展示自我面試時在向用人單位展現自己的知識、才能的同時，還要表現出自己對這份工作的極大熱忱和興趣。求職者應該表現得很誠懇，無論哪一家公司的老闆或經理，用人的第一標準必然都是：能腳踏實地，竭誠為公司服務，而不單單是學歷。

一個女子應聘教師職務。校長問她為什麼要當教師？她回答：「小時候，我曾有一個夢想，就是要成為一個偉人。後來這個夢想沒有實現。於是我又有了一個新的夢想，就是成為偉人的妻子。這個夢想也破滅了。現在，我有了第三個夢想，那就是我要做偉人的教師。」

她當即獲聘。

在面試中，適當地流露出自己對用人單位的讚賞也十分重要。就徵人單位業務方面談談自己的看法，談具體些。這樣可顯示出你不僅對這個單位很感興趣，而且有責任心。

❺有禮貌地告辭。面試結束，你應當彬彬有禮地說出自己的直接感受，強調對這次面試機會和主持者的感謝，然後有禮貌地告辭。如：

「X處長，今天能有這個機會向您當面請教，我很感激。」

「非常感謝X主任的談話。但願不久的將來能與先生共事，為貴公司服務。」

「您需要的補充材料，我回去後立即送過來。請您給我一個機會。」

「我可以走了嗎？那就告辭了！」

回家之後，馬上再寫一封短信，寄給面試主持人，表達同樣的感謝之意，以加深他的印象。

成功地說服老闆為你加薪

任何人對加薪必然都興趣濃厚。而且，加薪對每個人都很重要。那麼，怎樣要求加薪，才能如願以償？

開口要求加薪之前，要準備很長一段時間。

根據一位成功的管理者總結，為加薪做準備，必須實施五個重要步驟。

1・成為你所從事領域的權威。首先，深入了解你的工作，並不斷地求進步。趕不上你所從事之職業的發展，你就不可能得到調升的機會。但是，不可認為自己不可或缺──根本沒有這種人。

2・和你的老闆建立真誠的工作關係。任何經理、總監

都不會給他不喜歡的人加薪或晉升。就此而言，一般老闆都喜歡衷心讚美他並讓他感到自己有價值的那些人。

精明的員工都會利用適當的機會盛讚老闆。你也應該這樣做，而且用不著阿諛奉承。稱讚一個人，最好稱讚他的工作成果，而不是讚美他本人。

3‧表現自己。那種認為只要工作做得好，就自然能獲得調升和加薪的想法是錯誤的。任何老闆都希望員工正確無誤地完成工作。但這還不夠。你必須讓自己受到注意。

你的老闆若沒能認識到你是多麼優秀，讓他了解這一點。但是，不要引起他的反感，不要顯得驕橫。

千方百計，讓你的名字在上司的腦海中札根。最好的廣告正是這樣做的。正像一位總經理所說：「設計廣告，最重要的就是重複。不斷重複才能樹立形象。不要介意外界是否準確地記住你對某種產品所做的介紹，只要他們能記住產品的名稱，那就夠了。」

4‧讓上級時刻掌握你的動態。不要惹得他們經常查問你在幹什麼，讓他們知道你正按計畫正常執行。這說明你很可靠，可以完成工作。

5‧振作精神準備加薪談判。不要遲疑或應當低估自己。把價值視為資本。你對公司的價值和你所拿工資應當直接聯繫。

告訴你的老闆，給你加薪後，他能得到哪些好處。他將得到的最大好處就是能得到你更盡心的幫助。但發出最後通牒之前，一定要找到其他工作。

此外，要注意，提出加薪的要求，必須選擇適當的時機。一般要避開週一和週五。週一會有很多必須使工作重新入軌的具體事務。到了週五，職場工作者都以最快的速

度清理辦公桌，準備去度週末。

要求老闆加薪，最好的時機是你剛剛出色地完成一項非常困難的任務，老闆也肯定了你的工作成績以後。

讓人無條件地服從你的命令

要讓一個人聽命於你，你必須找出可以讓他百分之百服從你的因素。

如果能夠找出對方需要什麼，然後告訴他聽命於你即可得到它，你便勝券在握了。你將可以徹底地掌握和支配他，取得最滿意的結果。

你可以運用以下三種方法，分階段讓他「進入狀況」，無條件服從你的命令。

1．稱讚。 承認下屬的工作，確認其價值。假如你想讓你的下屬為你全力以赴，假絕對聽從你指揮，就得不吝於稱讚他，說他幹得如何出色，你多麼需要他，多麼離不開他，有他在你手下，你是多麼高興，等等。

稱讚，可以讓受稱讚者感受他很有價值。而且，稱讚他人，根本不費你吹灰之力。

一旦你把看重、渴求、價值感、讚賞和承認統統給了某人，他不僅會不打折扣地聽你指揮，甚至對你唯命是從。

2．讓他的工作有意思，值得做。 讓你的下屬感覺到他的工作很重要，對全局的成功大有貢獻。讓他了解他的工作目標在總體計畫中所起的作用，他對工作會產生更大的

興趣。

3‧給予情感保障。如果你的下屬經常擔心可能失業、降級、停職或受到某種處罰，他就不可能發揮其全部能量。恐懼和威嚇不會取得好的效果。恐懼導致仇恨。你下屬一旦對你懷恨在心，就再不願聽你指揮了。

有效地說服固執的員工

一般人幾乎都害怕面臨太大的變化。你要求某個人換一種方式做事，改進行事風格，得到的回應常常是藉口、爭辯、淚水、瞪眼，甚至沈默。然後，你可能忍不住因為憤怒而口出惡言。

抵制變化的人通常拿過去的成例，說明他們為什麼不能換一種方式。你無需了解某人在過去的歷史中所受創傷的細節，就可以在工作場所與他有效地打交道。怎樣才能做到這一點呢？下面的六個步驟可供借鑒：

1‧創造良好的談話氛圍。與好抵制者交鋒，多半在會面開始前就注定失敗。

比如，在建議銷售經理卡特爾談談那件不愉快的事情時，你可以感覺到他格外警覺。

從他的肢體動作，如嘴巴緊張不安地抽動、無緣無故地咳嗽、搔頭皮，可以看出，他頭腦中的警報系統正在響起。使他害怕的原因是，他已經估計到這次見面可能會得到不愉快的結果。

為了創造良好的氛圍，你不可表情嚴肅，應該採取足

以令人愉快的態度。先表示真誠的讚揚。讚揚不等於要求你喜歡卡特爾。要讚揚的是他取得的具體成績而不是他的全面表現。真誠的讚揚會沖淡他為自己辯護的熱情，關掉他內心的警報。

通過重申相互關係，消除他對被解僱或降職的擔憂。讓他知道，他和你以及公司在一起才有前途。在知道今後的任務中仍然有他參與的空間時，他會體會到你的言外之意，逐漸放鬆心情，自衛意識進一步減弱。

此外，還要注意，你要求的變化不能太大。每一次只變化一小步，以使阻力減到最小。要求一種小小的變化，可以包含在一句話裏，這句話要表明你確信他會同意你的要求。

2‧把話題緊緊控制在你的要求上。你最好學會在幾秒鐘內講出為促成變化而特地設計的妥協條件。

「比爾，如果所有未定稿文件在星期五中午前修改完畢，你星期五下午就可以休息了。行吧？」

就講這麼多。臉帶微笑，簡要地講明你的要求，接著說：「行吧？」「同意吧？」或：「我們就這麼說定……」不要多說。你所提的是合理的建議，給對方機會表示同意。在等待回應時保持微笑，而且閉嘴不說。

你不需要加上過多的解釋。有些人總習慣於自欺欺人，以為自己有充分的理由說服人家按自己的要求去做。殊不知，如果對方不改變態度，再怎麼解釋也白費勁。

如果有人老是抵制你要求的變化，你必然想要問為什麼。只要一問為什麼，就等於給對方一個空子，做沒完沒了的討論。因此，你必須注意：儘量不要問為什麼。

3‧判斷對方的真實想法。認真分析員工的反應。如果

給你的回答不是「行」，就要仔細分析他的反應，搞清楚他的反應是合理的還是抵制性的。把注意力集中在他的反應上，切忌主觀臆斷。

你讓某個員工搬一件重物。他告訴你，他的背部肌肉不久前拉傷了。這時，你的回應一定要恰當。如果你把他的回答誤判為躲避工作的藉口，那你就很可能面臨投訴或職業傷害索賠。

面對爭辯，也要做仔細分析。如果有人公開批評或不同意你的要求，不要立刻把它看作是抵制而加以拒絕。要耐心傾聽，看看他的論點是否言之成理。如果他的論據合理，就不要堅持讓他服從你的要求。承認他的批評是正確的，感謝他指出這一點，收回或修改你的要求。

4．運用竹子定律。颱風掃過熱帶地區，竹類植物通常能逃過厄運，不受損傷。它只是彎曲下來。一旦風暴吹過，又會在瞬間彈回原位。

竹子為一個人面對抵制，如何正確地做出反應，提供了極好的樣板。先是彎曲，以表示注意到對手的反應；然後恢復原樣，重述自己的要求。

這種方法很有效，它可以使對方抵制泄了勁，你所要求的變化卻還保留下來，毫無變化。

現在來看看運用竹子戰術，如何對付更激烈的言辭和抵制。

你要求做出某種變化。埃絲特抱怨你根本不考慮她對這件事的感受。你不要急著為自己辯解什麼，不妨先「彎曲」一下。

「看來，埃絲特，我有點遲鈍。要是你能在上午完成這個任務，我很樂意星期二騰出一個小時，研究你的促銷

建議。」

「或許我對你太敏感了。如果你在中午前完成這項任務，那我很樂意……」

「有些場合，我的脾氣可能爆了點。這是我的建議。如果……那麼……」

採用「也許」、「可能」以及「在某些場合下」等詞，表明你在不完全同意的前提下，已聽到對方的感受。

在遇到有人用藉口抵制時，竹子戰術也一樣管用。

假設員工對延誤所提出的藉口是設備陳舊，你應該如何先彎後直？

「我同意你的說法。如果有最新的設備，這件事就必然容易些。等你完成這項計畫，我願意……」

如果員工因個人問題過於消沈，不能以最高效率執行任務，你可以這樣說：「我可以想像，現在要解脫出來很不容易。要是能在星期四中午前做完審計，我很樂於讓你那天下午早走兩個小時。」

大多數情況下選，運用竹子定律，可以很快地產生效果。面對老是採取抵制態度的下屬，你必須謀劃在先，弄清楚他常用的抵制戰術。在上班的路上，先排練一下你的竹子戰術。待他抵制時，用彎曲戰術對付他。

5．堵死對方拖延推託的企圖。員工利用一個又一個抵制戰術，想要避免變化並試圖令你知難而退。迅速採取行動，挑明他的抵制可能產生後果，堵死他拖延的企圖。

「傑斯，如果我們不能在30秒鐘內就這件事達成一致，那就沒辦法了。只要……（主要的負面後果）」講述可能的後果中「如果」部分時要點出嚴格的時間限制。接著，準確地描繪出可能的後果中「那麼」一詞後面主要的負面後

果，明確地說出達不成協定的負面影響。

你的目的並非施予懲罰，也不是要證明你的厲害，而是要讓他同意。這麼做的時候，不僅要冷靜而且要尊重對方，不要感情用事或使用刺耳的語言。擁有權位的人沒有必要大喊大叫，破口大罵。他們手中控制至關重要的籌碼，可平靜地陳述，警告對方即將面臨的負面後果。

6．鞏固員工已形成的轉變。一旦員工同意你的要求，做出變化，要落實整個「交易」。重述一遍變化的細節並徵求他的同意。寫成書面協定可能會有用處，然後記得要由雙方簽署。

趁著這次協定所造就的積極氣氛，你具體說明，你希望所有員工今後如何與你溝通。通過讚揚的做法（讚揚要具體，不要離題，表示同意時要迅速），進一步鞏固員工已做的轉變，並且讓他知道，你歡迎他以後常常提出意見。

說服打算跳槽的優秀員工留下來

「千金易得，一將難求。」優秀員工的跳槽必然帶給一家公司高層很大的困擾。任何公司都避免不了競爭，高素質的員工總會有工作機會找上門來。

當優秀員工遞上他的辭呈，高層不可顯得束手無策。能不能把人留下來，決定於你對他的要求做何反應，反應速度有多快。下面的幾個建議可供借鑒。

1．即刻做出反應

如果企業十分想留住求去的員工，就沒有什麼事比立即對他的離職做出反應更重要的了。上司應該馬上放下預訂的活動。任何延誤，比如「開完會，我再和你談」之類的話，都可能使辭職難以挽回。緊迫地處理問題有兩個目的：首先，向員工表明，他確實比日常工作更重要；其次，在員工下決心以前，嘗試改變他的想法。

2・保密消息

封鎖求去的員工辭職的消息對雙方都很重要。對員工來說，這為他改變主意，繼續留在公司，清除了一個主要障礙。這個障礙可能使他在重新決定時猶豫不決。如果其他人毫不知情，他就不必面對公開反悔的尷尬處境。而且，企業在消息公布以前，也有更大的迴旋餘地。

3・傾聽員工的心聲

身為直屬上司，必須坐下來和求去的員工懇談，仔細聆聽，找出他想辭職的確切原因。從員工身上了解到的情況，要原封不動地向高層彙報，即使其中有對自己的微詞。還要了解員工看中另一家公司的哪些方面，是環境更好，待遇更優厚，工作節奏快或慢，還是他對事業的看法發生了根本轉變。這些因素顯然是說服員工改變主意的首要關鍵。

4・組織辦案

一旦蒐集到準確的資料，上司應該做成一個說服求去之員工留下來的方案。

一般而言，員工因為兩個並存的原因而辭職：一個是「推力」，即在本企業長期不順心；另一個是來自另一家公司的「拉力」，即站在這山，望著那山高。

為了成功地挽留求去的員工，應該針對員工離職的成

因，提出切實的解決方案。要使員工認識到，他對別家公司的種種看法不切實際。

5・全力求勝

有了仔細規劃的策略，就該著手贏回求去的優秀員工了。上司對員工的辭職快速做出反應，可以讓員工一開始就感到，他對公司可能有誤會。公司已知道這個誤會，並將全心全意糾正失誤。要是合適，上司可以在工作時間之外，和他一起用餐。工作所需的各級主管都應參加。如果員工的配偶是其辭職的重要因素，那就請她（或他）一起參加。

6・為員工解決困難，把他爭取回來

如果及時採取對策，又確實能糾正造成求去之員工心猿意馬的那些問題，員工可能會改變想法，除非求去的員工確實已對企業深惡痛絕。多數情況下，他們只是不滿工作中的某些方面，或不喜歡某個上司。一旦他們能在別家公司找到工作，這些問題就被放大了。因為粗看之下，那家公司好像挺能滿足他的要求。通過緩和員工與本企業的矛盾，突出本企業與那家公司的不同之處，讓員工留下來是最佳的選擇。

7・趕走競爭對手

讓求去的員工同意，給他本要投奔的那家企業打電話，回絕對方提供的工作。要求他堅定不移地表明，他將留在本企業，他的決定是最終決定。讓求去的員工用這種方式向競爭對手表明，企業企圖挖走其他員工，絕不可能成功。

成功地說服朋友幫你辦事

1．託朋友辦事前，自己先要吃點虧

想請朋友辦事，先讓朋友欠你人情，你自己吃點虧，是一個好方法。

不管你吃的是大虧，還是小虧，對搞好朋友關係很有幫助。你要盡可能吃下去，不能皺眉。尤其是吃大虧，有時可能一本萬利。

以甘心吃虧交友，或是得利，是一種很高明和極有遠見的辦事技巧。

智者說：「吃虧是福。」因為吃了虧，你就成了施者，得利者則成了受者。看上去是你吃了虧，他得了益。然而，他已欠了你一個人情。在友誼、情感的天平上，你已加了一個籌碼。這乃是比金錢、比財富更值得你珍視的東西。

吃虧，可以讓你在朋友眼裏顯得豁達、寬厚，加深你們的友誼，使朋友更心甘情願幫助你，為你辦事。

2．以利益驅動

如果你想辦成的事難度極大，你求援的對象又是個見錢眼開的人，讓他幫你，更會留下一個天大的人情，那你不妨乾脆提出合作的建議，以利益驅動他。

如果你把實情道出，說這是我自己的事，事成之後，我給你多少多少好處，對方可能礙於舊交，不好意思接受。這時你可以撒個小謊，說這事是別人託你辦的，事後

可以怎麼怎麼的。這樣，對方就很可能坦然接受，事後你也避免留下還不完的人情債。

3‧態度要謙卑

求人，首先要弄清你求的是誰，和你有何關係。也許你們過去是同事，或者你曾是他的上級，但這次你去求他，他就是你的「上級」，你去走他的路子，他就高了你一頭。人家高了，你無疑就低了。

第二，求人時態度要誠懇，說話辦事，都要合乎自己當時的身分。過去你是他的上司，當然可以頤指氣使；今天你求人家，你就務必謙遜三分，因為此一時，彼一時。你不低頭相求，人家哪可能為你辦事？弄清了自己的地位，低頭時也就順理成章，表情自然了。

4‧把準求人辦事的時機

所謂時機，就是指雙方能談得來、說得攏，亦即對方願意接受的時候。

一個人在車禍喪子的悲痛中還沒有解脫出來，你卻上門拜託他幫你兒子的求職說項，多半會碰壁；主管正為應付上級檢查而忙得焦頭爛額，你卻找他投訴待遇的不公，那你肯定要吃「閉門羹」，甚至遭到訓斥。

把準說話的時機——比如，對方情緒高漲時，為對方幫忙之後……等，才能提高成功率。

說服已發達的朋友幫助你

許多人在自己發達之後，就與那些狀況並沒有多大改

善的老朋友疏遠了，甚至忘掉了他們，躲著他們。因為彼此之間的現狀已發生變化，故而產生了距離。

在這樣的關係下，處在低層次的朋友該如何向高層朋友開口求助呢？

你可能是被逼無奈，非求不可。而且，你以為求他，必然比求陌生人好得多，至少你人們很深交。再者，跟老朋友開口總比跟陌生人開口容易，就是送禮，也較能找對門路。

下面介紹幾種技巧。

1．帶點見面禮。既是老交情，帶點禮物上門，不僅非常自然，更是情感的體現。禮物不在多少，它有把多年未見的空隙一下子填補之功效。

當然，禮物不同，見面時說話的力道也就有不同。

你送的若是對方嗜好之物，你就說：「特意送給老兄（老弟）的，我知道你最喜歡這東西……」

若是土特產，就說：「給嫂子（弟妹）和孩子嚐嚐的……」

若是錢，就得說：「給侄子（侄女）的，讓他去買幾本喜歡的書……」

總之，走進了門，便有了開口求老朋友辦事的機會。

2．喚起對方的回憶。先使朋友回憶過去的歲月，可喚起他沈睡多年的交情。這交情是你求他辦事的基礎。

當然，回憶過去，閒聊往事，有個當與不當的問題。明代初期，朱元璋登基之後，先後有兩個少時舊友上京城找他求官做。一個說了直話，引發他對自身出身的尷尬，被殺了頭；另一個說話委婉、隱諱高官。

與老朋友閒聊過去，如果他的孩子或老婆在場，要儘

量避免提及可能造成對方尷尬的事，因為這種事可能危及他在家庭中的權威，引起他對你的反感，結果也就達不到求他辦事的目的。

3‧**以言相激**。長時間沒有來往，突然登門拜訪，對方必定心裡有數，你多半有事求他。他若不願幫，一進門就顯得非常冷淡。你把事情提出，他會含含糊糊地表示拒絕。這可能在你的意料之中。這時，你若「死馬當成活馬醫了」，「以言相激」，則不失為一種扭轉對方的態度，繼續深入的好策略。

比如，你可以說：

「你是不是覺得，我這事給你找的麻煩太多？」

「我知道你能幫我，才來找你。否則，我怎麼會大老遠跑到這裏來。」

「我想，你有能力幫我。再說，這也不是什麼違背原則的事。」

「這事，我臨來之前，跟親友都打過包票了，說到你這裏一辦即成，難道你真讓我回家無臉見人？」

以言相激，必須掌握分寸。若是對方真的無能為力，你也不能太苛求他，讓他為難。而且，你切不可說出絕情絕義的話，傷害對方。只有在你知悉對方確實有「多一事不如少一事」的心態，才可以以言相激，逼他去辦。

如果他幫了你，不管辦成沒辦成，事後，你都應該道謝，才會顯得你有情有義。

勸說朋友消除怒氣

很多人在自己有錯的情況下，道歉的話也出不了口。這種反應很是糟糕。有錯，就應該承認。消除他人的怒氣和贏得真正的友誼最快、最好的方法莫過於向被你傷害的人道歉了。

吉姆寫信給一位律師，求他幫助。律師的回應讓他大感不快。他抱怨律師收費過高。事後，他感知到自己太衝動，因為他的話過於刻薄。律師果然動了怒。

吉姆登門拜訪，表達歉意：「布萊德，真的很抱歉寫了那封有欠考慮的信。我不該那樣做。我為我的話道歉！你有權發火。請原諒！」

律師沈默了一會兒，然後說：「沒關係，吉姆。我真佩服你有勇氣承認錯誤並道歉。我的收費可能高了點，我想，我也應說聲抱歉。我再開給你一張新賬單。讓我們重建友誼，好嗎？」

你看，錯了就馬上承認並道歉，可以立即消除被你傷害之人的怒氣，並將其轉化為持久的友誼。

即使你沒有錯，也可以大度些。如果說一聲對不起，就可讓你和朋友的小摩擦消失於無形，重歸於好，那就應該說一聲。你應該珍視友誼，而不必在孰對孰錯的問題上耿耿於懷。

為了能當今的商業社會獲得成功，你必須了解如何與人溝通的門道。這不是讓你頭疼的利潤、銷售或產量之類

問題，而是人和人如何相處的問題。

說服客戶的10大有效策略

經營者為了說服客戶，有哪些有效的策略？

1．注重感情

大多數人都十分珍視感情。在人與人的接觸和交往中，感情的作用無比重要。為了說服某個人，首先要創造出一種平和、溫暖、熱情、誠懇的氣氛。

有人說：「再雄辯的哲學家也很難說服不願改變看法的人，除非先使他的心變軟。」

在說服的對象抵觸情緒強烈的情況下，必須先讓他發洩一下。不只情緒的宣泄，而且讓他在原來的路上往前走得更遠。這時，因為事情已經過火、過頭，也因為走得越遠，錯誤越容易暴露，他自己便會意識到自己的錯誤。這樣，他自己就會說服自己。

2．先順後逆，先退後進

心理學中有種「名片效應」，意指與人接觸，先向對方表明自己的情況，讓對方對自己有個起碼的了解。

還有個「自己人效應」，意指與人接觸，要取得對方的信任，應該先讓對方認可你是他的「自己人」。採用這種先順後逆的說服方法，可以消除對方的對立情緒，拉近雙方的心理距離，引出認同感。

對立，在對立的觀點、認識上說服他，就很難收到效果。轉換一下思路，取對方可取之處、可揚之光加以肯

定，和緩他的情緒，再進行理性說服，就比較容易產生效果了。

先退後進是說，先按對手的思路和行為往前推，一直推到錯誤處，以此得出結論——此路不通。這樣，對方比較接受接受。

3．激發動機

美國的門羅教授曾提出一種激發客戶購買慾的五個步驟。

(1) 引起對方的注意。要領是：善於提出問題。

(2) 明白他需要什麼。把你要說的對象引到他自己的問題上。

(3) 告訴他怎麼解決。拿出具體的解決辦法。

(4) 指出兩種前途。即指明不同的兩種結果。

(5) 說明應採取的行動。這便是結論。

這種方法實際上是站在客戶的立場，說服他。是從對方的動機出發，先在動機上尋求一致點，再求同存異。

4．尋找溝通點

無論是在心理上、感情上，還是生理上，人與人之間都可以找到共鳴之處，即溝通點。共同的愛好、興趣，共同的性格、情感，共同的努力方向、理想，共同的行業、工作等，這都是很好的溝通媒介。

另一方面，對方哪怕是向我們這方邁個一小步，他們的立場、態度、認識，都會發生顯著的變化。

5．歸納法

這是一種提供多種事實，讓客戶自己進行分析、歸納的方法。對那些對立意識強烈的人，運用只提事實，不給結論的方法，比較容易被接受。

6‧對比法

擺出正與反兩個方向，讓客戶自己判斷是非曲直，或使他和我們一起判斷對與錯。

7‧心理換位法

站在對方的立場，或使對方站在你的立場，相互尋求理解、體諒。

俗話說：「擠上車的人往往會改變態度。」這話大有道理。

8‧以大同求小同

在具體問題上發生分歧，把焦點放在這個具體問題上，事情通常不好解決。如果把焦點轉移到相關目標、理想這樣的層次上，就容易找到共同點。自然，有了共同點，要統一認識、看法就好辦了。

9‧利用興奮點

就是把客戶最關注，足以引起興趣、興奮的因素和你要說的事聯繫起來，以此激勵、刺激他的情緒，以達到說服的效果。為此，你必須開動腦筋，尋找那些的確能使人興奮的因素。

10‧拿出權威的數字

心理學中有個「權威性偏見」的說法，意指對權威產生的一種過分崇拜的評價性偏見。許多人聽到、看到權威，往往只注意到他們閃光的一面，而不了解他們的另一面，以致產生盲點。

你以權威之語發言，一般人就很容易信服；你拿出權威的數字，一般人就很少提出疑義。這樣，在一定的條件下，適當引用權威的語言或材料，就能起到說服的作用。

比如，「事故多發地段，請注意安全」和交警提醒您

「此處危險，一個月有三個人死於車禍」，顯然，後者的作用要大得多。

　　管理學上有一句名言：「到用戶那裏五次，他就會購買。」這是指推銷商品。

　　鍥而不舍，不斷灌輸，有收效大而快速。不間斷地探取行動，這既是一種表示，又是一種願望，還是一種壓力，一般人很難抵禦。

PART 5

第五堂課

進退規則，迂迴人生

明路人多行暗路

有人做過這樣的試驗：把一隻蝴蝶在一個房間裏放飛，牠會拼命飛向玻璃窗，但每次都碰到玻璃上，在上面掙扎。待恢復神志，牠會在房間裏繞上一圈，然後仍然朝玻璃窗飛去。當然，牠還是飛不出那個房間。

這隻蝴蝶不知道，旁邊的門其實開著。只因門那邊看起來沒有窗戶亮，所以牠就不朝那兒飛。

追逐光明是多數生物的天性。牠們不管遭受多少挫折，總還是堅決地迎向光明。

看著那碰壁的蝴蝶，我們可以從中悟出一個道理：有時，為了達到目的，選擇一個看起來較為遙遠、似乎無望的方向，反而可能更快如願以償。反之，可能永遠在嘗試與失敗之間兜圈子。

百折不回的精神雖然可嘉，但如果已認準了目標，面前卻是一片陡峭的山壁，沒有可以攀援的路徑，最好是換個方向，繞道而行。為了達到目標，暫時走一段與目標相背的路，有時正是智慧的展現。

小李畢業後，一直找不到好的工作。一天，他正漫不經心地翻閱報紙，一則廣告映入他的眼簾。廣告上標著「英雄不問出處」六個大字。那是一家報社招聘編輯、記者的廣告。

看到這個廣告，小李十分高興，因為他雖然只有初中文憑，但他發表過30多萬字各種體裁的作品。他心想：自己

正是他們所說的「英雄」。

　　於是，他滿懷信心地前去報名。可是，人事部的主管接過他的作品複印件後，又向他要文憑。

　　小李不解地問：「不是英雄不問出處嗎？」

　　那主管眼中含譏地瞪了他一眼，然後朝他後面喊：「下一位。」就再也不理睬他了。

　　小李掃興而歸。

　　小李的朋友聽他說了這件事，勸他還是去搞張文憑，並說這年頭，人家就在乎那玩意兒。可小李偏要打破這個常規，非進那個單位不可。

　　從那以後，小李開始大量向這家報社投稿，絲毫不計較稿費的高低。由於這家報社開了不少副刊，小李細心研究後，專門為它量身訂作，所以他的作品幾乎篇篇獲得採用，甚至還創造過這樣的「奇蹟」：有一次，副刊上總共7篇稿子，其中3篇是小李的「大作」，只是署名不一樣罷了。

　　於是，這家報社的編輯競相爭搶小李的作品，常常是剛應付完文學版的差事，雜文版的差事又來了。有時候他的創作速度稍稍慢了點，那些編輯就會心急火燎地打來電話催稿。

　　有一天，報社中經常負責小李稿件的一個責任編輯找到他，向他表示，他們的報紙即將擴版，急需人才，希望他能前去應聘。小李說他沒有文憑。那編輯表示，他相信小李的水平，並說只要小李答應，他就去跟上司提一下。果然，第二天，那編輯就給小李打來電話，向他轉達了他們上司的意思：如果他願意，現在就可以去上班。

　　從這一事例，我們可以得到一個很重要的啟示：你若不能透過直接的方式達到目的，大可選擇一條迂迴曲折的

道路，儘管它看起來可能比較複雜和麻煩。

不要圖一時之快，因為那很容易碰壁。你大可以像小李那樣，運用你的智慧和耐心，暫時屈就你所不喜歡的職業，應付一下你所討厭或輕視的人。你可以暫時走進一個黑暗的涵洞，只要你不忘記從另一端鑽出來，時刻記住這僅是手段，而不是你的終極目標。你用不著灰心、和難過，也用不著在乎周圍的人怎樣批評或嘲笑你。

我們有時必須先把目標擱下，耐心地去做披荊斬棘、鋪路修橋的工作。在嘗試了許多看似晦暗無望的道路之後，必會發現距離目標已近了一點。只要我們記住自己理想的方向，就算多繞幾個圈子，也不算什麼。

法國作家勒農曾說：「不要焦急！我們所走的是一條盤旋曲折的山路，要拐許多彎，兜許多圈子。有時我們覺得好似背離目標，其實，我們總是越來越接近目標。」

直路不通繞道行

一般人都喜歡走直路。沐浴著和煦的微風，踏著輕快的步伐，踩著平坦的路面，這當然是一種享受。沒有人樂意去走彎路，因為彎路曲折艱險，又浪費時間。然而，人生的旅程中彎路居多。山路彎彎，水路彎彎，人生之路亦彎彎。所以，喜歡走直路的人也得學會繞道而行。

當我們走到路的盡頭，發現已無路可走，回過頭來，繞道而行，便可以找到一條新路。所以，世上只有死路，沒有絕路。我們有時之所以會感到面臨「絕路」，那是因為

我們的思路狹隘，缺乏「繞道」的意識所致。

《孫子兵法》中說：「軍爭之難者，以迂為直，以患為利。故迂其途，而誘之以利，後人發，先人至。此知迂直之計者也。」

這段話的意思是說：軍事戰爭中最難處理的是把迂迴的彎路當成直路，把災禍變成對自己有利的形勢。所以說，與敵爭戰，迂迴繞路前進，可以在比敵方出發晚的情況下，先於敵方到達目標。

美國矽谷專業公司曾是一家只有幾百人的小公司，面對競爭力強大的半導體器材公司，顯然不能在經營上一爭高低。為此，矽谷專業公司的經理決定避開競爭對手的強項，並抓住當時美國「能源供應危機」中急需節油這一環節，很快設計出「燃料控制」專用矽片，供汽車製造業使用。短短五年，公司的年銷售額就由百萬美元增加到千萬美元，成本由每件25美元降到4美元。

經商者尋求的是不斷增加贏利，然而，在激烈的競爭中，每前進一步，都會遇到困難，很少有投資者能直線發展。因此，迂迴前進是大多數經商者必須走的共同道路。

在日常生活和工作中，我們也應該發揮迂迴前進的概念，凡事不妨換個角度和思路多想想。須知，世上沒有絕對的直路，也沒有絕對的彎路。關鍵是看你怎麼走，怎麼把彎路走成直路。有了繞道而行的技巧和本領，彎路也可以最終走成直路。

也許你曾經奮鬥過，曾經追求過，但你前進的路上紅燈卻頻頻亮起。此時，焦急無奈，恨天怨地，不如繞道而行。繞道而行，並不意味著你面對人生的紅燈而退卻，放棄，而是在審時度勢。繞道而行，不僅是一種生活方式，

更是一種豁達和樂觀的生活態度和理念。只要以豁達的心態面對生活，敢於且善於走自己的路，你就永遠不致成為一個失敗者，而是一個樂觀向上的開拓者。

欲速，到達不了成功的頂點

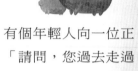

在一次著名企業家的報告會上，有個年輕人向一位正在講演的企業家提出這樣一個問題：「請問，您過去走過什麼彎路沒有？能不能給我們年輕人指示一條成功的直線，讓我們少走彎路？」

這位企業家一聽，當即回答：「我現在走在成功的路上，但它絕不是一條直線。成功就像爬山一樣，哪有什麼直路可以走呢？」

生活中，每個人都想找一條省力的路爬上山頂。所以，許多人常常追問已經登上山頂的人，哪一條是直通山巔的捷徑。而那些從山頂上下來的人通常回答：「山上哪有什麼捷徑？所有的路都彎彎曲曲的。而且，想要到達頂峰，須不斷地征服那些根本看不到路的懸崖峭壁。」

很多人羨慕那些將車開得飛快的人，覺得那種風馳電掣的感覺必定棒極了，是以令旁觀者為之目眩。德國車王舒馬克卻不這樣認為。他在回答記者提問時，這麼回答：「我繼續從事這項運動，還有其他目的。我希望能夠達到這樣一種境界：讓這項運動超越國界，超越一切界限，甚至超出人類能夠想像的極限。」

舒馬克並不是那種喜歡拿自己的生命開玩笑的莽夫，

他追求的只是速度的極限，不是生命的極限。

「從理論上說，車手的任務就是將車的各項性能發揮到極致，但不是將自己的生命也燃燒到極致。所以，每當遇到彎道或碰上有人發生事故，我都會減慢速度。因為我知道，這一定就是那個地段的極限了，我不可能再超越。為了體驗到賽車的性能極限，我總是將車提升到看起來根本不可能達到的速度，但我始終要為自己的生命負責。」

正是本著這種態度，比賽前，他經常向其他車手提出建議，希望大家在前兩個彎道不要超車，因為國際汽聯修改後的賽道明顯不利於車手在彎道時超車，而且試車時候已經發生過事故。

成功之路絕非坦途。生活中，我們會遇到許多彎路。這時，我們一定要注意時刻保持警惕，不要貿然前進。我們可以把這些彎路當成是生活對我們善意的提醒，為自己的生命負責。

在奮鬥之路上，只有經歷過挫折，才能懂得許多人生的道理；沒有品嘗過失敗的滋味，就不能領悟到如何不失敗；沒有體會過等待的苦楚，就不可能感知到成功的魅力？心中有了走捷徑的想法，那麼，稍微碰到一點困難，本需要堅持一下，心中就會打起退堂鼓：這不是捷徑，我應該走另一條路。

別忘了一段哲人的名言：「人必須背負重擔，一步一步慢慢走，穩穩地走。這樣，總有一天，你會發現自己是走得最遠的人。而走得最遠的人也就是離成功的峰頂最接近的人。

撞了南牆要回頭

人生的每一個關鍵時刻，都必須審慎地運用智慧，做出最精準的判斷，選擇正確的方向，並時時檢視選擇的角度，適時調整。放棄無謂的固執，冷靜而保持開放的心胸。能夠做出正確無誤地抉擇，必會指引你走上通往成功的坦途。

諾貝爾獎得主萊納斯·波林說：「一個好的研究者知道應該發揮哪些構想，哪些構想應該丟棄，以免浪費太多時間在無謂的操作上。」

有些事情，你雖然用了很大的努力，但你遲早會發現自己處於一個進退兩難的地位，你所走的研究路線也許只是一條死胡同，這時候，最明智的辦法就是抽身退出，去研究別的專案，尋找新的成功機會。

美國石油大王洛克菲勒年輕時在某家石油公司工作。因他學歷不高，又無一技之長，只好從事那種連小孩子都能勝任，普通得不能再普通的工作——巡視並確認石油罐蓋有沒有自動焊接好。當石油罐從輸送帶上移動到旋轉臺上時，焊接劑就會自動滴下，沿著蓋子迴轉一圈，直到焊接完畢。

他每天要幾百次用眼睛盯著這枯燥的作業流程。沒幹幾天，他就厭煩了，很想換個工作。但他沒有一技之長，找不到其他出路。他只好靜下心來，仔細觀察，在自己的這項任務中尋找實現興趣的突破口。

久而久之，他發現，石油罐旋轉一次，焊接劑滴落39滴，焊接工作就大功告成。他心想：這一連串工作中有沒有什麼地方可以改善呢？

有一天，他的腦子裏突然靈光一閃：如果能將焊接劑減少一兩滴，不是可以節省成本嗎？

就這樣，他苦心鑽研，最終研製出「37滴型」焊接機。但利用這種焊接機焊接出來的石油罐，偶爾會漏油，並不實用。

面對失敗，他毫不氣餒，繼續研究，最終製造出「38滴型」焊接機，焊接出來的石油罐非常完美。

公司對他的發明十分重視，很快生產出這種機器，更換了原有的焊接方式。儘管只節省了一滴焊接劑，但那「一滴」，給公司帶來了每年5億美元的驚人利潤！

你若認知到自己已沒什麼進展，就是對過去的否定。這是第一步。第二步，你得努力去發現自己擁有什麼。這第二步，實際上是點醒自己，要找到一個新的人生軌跡的起點。這非常重要。想破了頭，仍然想不出什麼名堂，就要學會逆向思維。也就是說，要脫離原有的思路，拐個彎想，反方向地想。

撞了南牆不回頭，那本來是指信念不滅，精神不死。但是，倘若你做事撞了南牆，撞得一塌糊塗，仍不回頭，那你就是不可救藥的傻子。

撞了南牆要回頭，回頭幹嘛？不是往回走不幹了，而是回過頭去找新路。條條大路通羅馬，此路不通有他路，何必撞得頭破血流，還繼續橫衝直撞。回頭，可以去借梯子，借到梯子，就能爬過去，走通這條路。無論是回頭拐彎找新路，還是回頭找梯子，都只為了走通前進的路。

生活中有許許多多生性聰明人，卻沒走上成功之路，原因就是犯了這種撞了南牆不回頭的錯誤，走不出直線的誤區。

不要鑽牛角尖

為了避免鑽牛角尖，時時尋求改變，就得開放頭腦。開放頭腦是指，不以任何觀念為絕對正確或絕對錯誤，始終保持對新思潮的敏感性。若碰上新的且更有說服力的創見，就要勇於去擁抱，拋棄陳見。

一個人若深陷「牛角尖」，最終極可能因為衝不過絕路，走入死胡同，還標榜頑強和百折不撓，自暴自棄。這一念之差，不知已毀了多少英雄豪傑的大好前程。

楚霸王項羽烏江自刎即是一例。他抱著「生當做人傑，死亦為鬼雄」的牛角尖信條自殺了，拒絕考慮「江東子弟多才俊，捲土重來未可知」，成了一個「冤死鬼」。

只要不鑽牛角尖，就有機會；只要不鑽牛角尖，生命就不會浪費。因為正常人都具有創造性的潛質！

〔事例一〕

美國偉克斯公司研製了一種有效的治感冒藥物——「耐魁兒」。但是它有副作用：容易使服用者昏昏欲睡。

這個缺點讓推銷人員大感頭痛。後來，有個推銷員逆向思考，提出了一個好點子——把「耐魁兒」昏昏欲睡的缺點當作優點大打廣告，強調「耐魁兒」是一種在晚上睡前服用的感冒藥品，它能有效克制因喉嚨不舒服，造成病

人整夜無法入眠的困擾，讓病人獲得一個安靜的睡眠。

廣告推出之後，這個產品名聲大噪，成為偉克思公司銷售最成功的藥品，在同類藥品的市場上領先群雄。

〔事例二〕

美國早期的汽車市場充斥著強調寬敞與舒適，看起來龐大笨重的大型車。汽車公司的生產策略當中，壓根兒沒有製造小型車的構想。

市場上一些小型汽車，打出來的廣告，都試圖掩飾自己這種車型小的缺點，儘量強調它是多麼寬敞舒適、多麼安全。

後來，福特公司提出了一種不同的小汽車廣告創意，極為技巧地將車型這個小缺點轉化為優點。

青年人一般都充滿熱情，急於幹一番事業，「初生牛犢不怕虎」。然而，許多人碰上了敢想、敢幹又不知怎樣幹的難題。殊不知，不少最終揚名立萬的人，一開始，也並不比其他人高明多少。

楊振寧博士大學剛畢業時，曾為了應該選修哪個科研項目大傷腦筋。後來，他去請教諾貝爾獎得主費米博士，得到費米博士誠心的指導。費米又把他介紹給青年物理學家特勒。在費米和特勒的幫助和指導下，楊振寧經過10多年的鑽研，終於發現了「宇宙不守恒」定律，一舉奪得諾貝爾物理獎。

如何向別人學習知識，借鑒別人的經驗，大有講究的。這裏提供幾點建議：

1．抓住重點。即充分考慮自己的才能和愛好，做出選擇。自己的才能如何？優勢在哪裡？有什麼不足的地方？要心中有數。平常注意力不佳，就要培養集中注意力的技

術；自制力太差，就要學習駕馭情緒的訣竅；記憶力不行，就要強化腦中的記憶迴路。

2．深入理解。要「知其然」，還要「知其所以然」。阿基米德為什麼能發現皇冠的祕密？曹沖稱象的方法是根據什麼？都要從理論上搞清楚，而非機械地吸取。如果囫圇吞棗，必然「消化不良」。

3．活化思路。吸取的目的是為了創造。因此，吸取之後，要活用。醫學上的「叩診」是一百多年前奧地利醫生奧恩布魯格所發明。

奧恩布魯格的父親是個酒商，只須手一敲酒桶，就能知道桶內有多少酒。由此，奧恩布魯格聯想到人的胸腔和酒桶相同，經過反覆實驗，最終，叩診的方法誕生了。

如果你發現自己缺乏創造性，應該審視自己是否存在下列主、客觀的障礙並設法克服：

- 缺少確定的奮鬥目標；
- 懼怕失敗；
- 擔心成功可能帶來不利的影響；
- 貪圖眼前的既得利益；
- 害怕生活的改變對自己不利；
- 缺乏體力或精力。

只要你充分發揮自己擁有的能力，注意克服自己的缺點，你就一定可以成為一個具有創造性的人，在所投入的創造活動中獲得無窮的樂趣！

經常敲敲心底的警鐘，以推動工作和事業的發展。

康橋（劍橋）大學的時間研究專家做過這樣的假設：「如果我現在知道六個月後我會突然失去學習和工作的能力，在此之前，我應該以怎樣的速度工作？」以及：「每

天的生活都以第二天就要死亡的心思安排。」

美國著名的女教育家海倫・凱勒自幼因猩紅熱，瞎了眼睛、聾了耳朵。她在一篇《假如給我三天光明》的文章中，針對一般人認為來日方長而不珍惜每天的光陰以及常常飽食終日，無所事事，幹什麼都慢吞吞，心靈麻木、行動呆滯的行為，機智地設問：「假如你只有三天的光明，你將如何使用你的眼睛？」

為避免鑽「牛角尖」，我們不妨也用上述的問題激勵自己去思考，以加快生活的節奏。把活著的每一天都看作是生命的最後一天，藉以更充分地挖掘生命的樂趣，彰顯生命的價值。

以迂求直，要迂迴發展

在工作和生活中，最漫長而迂迴的道路常常是達到目的的最短途徑。前進的道路總是坎坷曲折的，世界上並沒有一帆風順，一步達到輝煌頂點的捷徑。欲走捷徑，往往走入絕境。所以說，投入任何工作，都有必要採用迂迴戰術，尋找時機，以迂求直，迂迴發展。

英國軍事家利德爾・哈特在《間接路線戰略》一書中這樣寫道：「戰略上，最漫長而迂迴的道路，常常是達到目的的最短途徑。」

面對殘酷的市場競爭，企業經營者（尤其是中小企業經營者）難免受到各種因素的制約。因此，許多胸懷大略的企業經營者為了贏得最大的利益，慣用以迂為直、以小

魚釣大魚的策略。

　　有些企業經營者受到資金、設備、人才、技術等客觀條件的限制，發展阻滯，遂迂迴旁道，借用別人的錢渡過難關，最終大獲其利。

　　企業經營者欲沿著筆直的路線，達到自己認定的目標，顯然不切實際。任何人都不要夢想一帆風順地一步達到輝煌的頂點，一口吃個大胖子。

　　當前，美國的兵役採志願兵制，在國家機器的宣傳上，強調愛國、報國，以及保護、捍衛自由民主等，以此說明入伍當兵是一件光榮、神聖的事。有一度，因失業率高，在美國三軍的宣傳廣告上，不但指出從軍的人馬上有工作，有收入，還表示，參予今天的現代化部隊，可在報國的同時學到一技之長，為退伍後謀生做個準備。

　　美國軍方早在第一次世界大戰時期，就委託心理學家利用定量思維的原理，提出一套說詞：「打傳統的常規戰爭，不用擔心你當了兵就會死。當了兵有兩個可能：一個是留在後方，一個是送到前線。留在後方，沒什麼可擔心的。送到前線，又有兩種可能：一個是受傷，一個是沒受傷。沒受傷，不用擔心。受傷的話，又有兩種可能：一個是輕傷，一個是重傷。輕傷，不必擔心。重傷的話，又有兩種可能：一個是能治好，一個是治不好。能治好，不必擔心。治不好的還是有兩種可能：一個是不死，一個是死。不死，太好了，若已經死了，還有什麼好擔心的呢？」

　　打傳統戰爭，照上面的說法，死的機率比一般人所認為的 $\frac{1}{2}$ 小得多，最多不到 $\frac{1}{16}$，生還的機會好像很大。這樣一算，許多人就減少了恐懼，使得徵兵的工作進展得相當的順利。

從上面這個事例，可以看出，採用迂迴戰術，可以改變一般人固有的觀念。

要相信自己也有能力刺激內心豐富的創造力。你可以想出許多新點子，進一步導演各種全新的局面——內容各異的不同狀況——而且，任何細節都不錯過。你可以以主觀的體會，知道什麼是對的，什麼行得通。

據《漢雜事祕辛》記載，公元147年，東漢桓帝的第一任皇后梁瑩出身名門。那時，為了確保龍子龍孫出自「優良血統」，必須對後宮后妃進行婚前檢查。這對於封建時代金枝玉葉的千金小姐來說，委實難以接受。

桓帝派吳女官去執行皇后的體檢任務。

吳女官奉旨來到梁府，在梁瑩的香閨中觀察她走路的姿態，見她步履輕盈，並無外八字或瘸拐現象。接著自上而下逐項檢查：臉色，五官配置，眉毛、眼神，鼻梁、鼻腔，頭髮、汗毛。以上諸項檢查完畢，吳女官趕走了丫鬟，關緊門窗。然後，要求梁瑩脫去全部衣服。

然而，梁瑩平日洗澡也不敢多看自己的玉體，怎能在別人面前裸露全身？

吳女官說：「這是皇上的旨意！」

梁瑩不理。

吳女官又說：「這是皇家的規矩！」

梁瑩仍不理睬。

皇上的旨意和皇家規矩都嚇唬不了梁瑩，吳女官突然靈光一閃，輕聲道：「恭請皇后遵照皇帝的旨意和皇家規矩辦事。」

梁瑩聽到「皇后」二字，果然忸忸怩怩，自己動手拉開上衣。但脫到關鍵部位，她又緊閉雙目，不肯再脫。

吳女官說：「盛典將近，不能拖延，請皇后恕罪……」說罷，親自動手幫梁瑩卸下衣物。

待一一檢查完畢，吳女官回宮向桓帝呈上「體檢單」，順利完成桓帝交辦之事。

梁瑩受到「皇后」二字的暗示：不做出「犧牲」，就當不成皇后，所以由不肯脫衣的僵持狀態，變成自己動手解開上衣。威嚇不成，以迂求直的辦法卻奏效了。

掌握辦事彎曲的藝術

為人處世，必須發揮彈性的作用，展現彎曲的藝術。一味地硬挺，你自己累，周遭的相關者也累。

有一對夫婦，兩人的婚姻正瀕於破裂邊緣。為了重新找回昔日的愛情，他們打算做一次浪漫之旅。如果能找回舊日的感覺，就繼續生活；不能，就友好地分手。

他們來到一座山谷，東西走向。這山谷沒什麼特別之處，惟一引人注意的是，它的南坡長滿松、柏，北坡只有雪松。

突然，天上下起大雪。他們支起帳棚，望著繽紛的雪舞，他們發現，由於風向，北坡的雪比南坡來得大而密。不一會兒，雪松上就覆蓋上厚厚的一層雪。不過，當雪積到一定的程度，雪松那富有彈性的枝丫就會向下彎曲，直到雪從枝上滑落。這樣反覆地積，反覆地彎，反覆地落，雪松完好無損。可其他樹因為沒有這個本領，樹枝被壓斷了。南坡由於雪小，有些樹挺了過來。

帳棚中的妻子見此景象，感觸極深，對丈夫說：「北坡肯定也長過雜樹，只是不會彎曲，被大雪摧折了。」

丈夫點頭稱是。

少頃，兩人像是突然明白了什麼，緊緊擁抱。

丈夫興奮地說：「我們揭開了一個謎——對外界的壓力，要盡己所能地承受；若承受不了，學會彎曲一下，像雪松一樣讓一步，就不致被壓垮了。」

彎曲中蘊含著哲理。它並不是倒下或毀滅。忍一時風平浪靜，讓一步海闊天空。適當地彎曲一下，一時難以解決的問題就可能在你躬起的脊背上悄然滑落。彎曲是解決問題、減輕壓力的有效辦法，人生的一門藝術。

以退爲進，亦浮亦沈

生意場上歷來服膺弱肉強食、優勝劣汰之道。商旅生涯，只以成敗論英雄。但是，面對商場戰火，仍須理解後退的含義，掌握後退的藝術。它是成為一個強者的必備條件，可以有效地應付商戰中陰謀、打擊。

假如你是個弱者，想與強者對抗，在面對競爭之前，第一步要考慮自己的退路。

一個真正的勇士必然深知進退得當的妙用。「留得青山在，不怕沒柴燒。」退而求生，並不可恥。

《孫子兵法》說：「敵則能戰之，少則能逃之，不若則能避之。故小敵之堅，大敵之擒也。」

意思是說：與敵人力量相當，可迎擊。力量弱於敵

人，要躲避。要善於退卻。力量弱小，勉強應戰，會被強敵生擒活捉。為保存實力，必須懂得後退的道理。保存住實力，日後可東山再起。

有一首關於田地勞作的詩歌：

　　　　手把青苗插野田，低頭看見水中天；
　　　　行行綠色成翠錦，退卻原來是向前。

這農家之歌表明，有時候，後退即是另一種前進的方式。

設若你一向十分強大，眼下卻面臨巨大的困難，投資失敗、用人失策、政局突變，或是禍從天降，必須認知到，這可能是你面臨人生大變的轉捩點。也許你正在從事的企業緣分已經到頭，是跳槽的時刻；也許你與正在服務的行業的發展已到盡頭；也許你經商的道路已經走完，該是功成身退的時候……但是，只要生命之火尚未熄滅，人生的道路還是要繼續走下去。

以勝利者的微笑在掌聲中走出商界的戰場；在破產、拍賣、嘲笑聲中敗下陣，退出商界……雖然這是截然不同的兩極，但在宇宙長河中，都只是時空的一小段。宇宙永恒存在，地球轉動不止，人類生生不息。

一事物的終點是另一事物的起點。從夫妻店、普通攤販、股份企業，到國際貿易集團，從老闆到中層人員及員工，都可能面臨人生的轉折。

你若曾觀察過螞蟻，多半會有所領悟：一隻螞蟻嘴中的小蟲被另一隻螞蟻搶走了，牠痛不欲生。因為好食物關係著牠和幼蟻的存亡。當你從蟻穴上走過，無意中踩塌了

蟻穴，對螞蟻來說，不啻是一場大災難。

不必把自己看得太重。事實上，地球在宇宙中，不過是微塵一粒；人在宇宙中，並不比螞蟻高明。經商的旅途像一葉扁舟，在汪洋中載浮載沈，要時刻謹記「以退為進」這一要領。

保存實力，抽身退讓

高手相搏，不管對手實力是強是弱，每個場中人都不會忘記保留實力。一個拳擊手若孤注一擲地擊出重拳，一旦打空，就只有挨打的份。要為自己留下餘地，因為一擊必中的事畢竟並不常有。

仔細分析古今中外的戰史，我們會發現，善戰者不管己方實力如何，敵方底氣是否深厚，交戰之前，多半會為萬一戰敗之後的撤退預留退路。這並非對勝利欠缺信心，或長敵人的威風，而是為了保留實力所採取的謀略。勝敗是兵家常事。惟有懂得進退，才是大智。

據說有一年，香港政府財政拮据，又羞於貸款，便想出一個辦法：拍賣中環海邊康樂大廈所在的那塊土地。這塊土地面積大，屬於黃金地段，非常有利可圖。消息傳出，資產雄厚的人紛紛披掛上陣，連遠在港外的富商都趕來參加投標。一時間，香港碼頭機場人滿為患，飯店老闆個個眉開眼笑。

不過，覷覦者雖多，真正有資格的其實只有那麼幾個，其中，最有實力的是李嘉誠的長江實業有限公司和英

國的渣達銀行。香港政府為了不讓港外人士購得這塊地，有意讓這兩家中的一個獲勝，便採取了暗中投標的方式，誰也不知道別人所投價格為多少；就像美國人丟媚眼一樣，人人都覺得眼神往自己這兒看過來，可是人人又覺得全不是這麼回事。

李嘉誠內心自有打算：地皮雖好，也有個底限。否則買回來若是虧本，豈非大損自己精明的名氣。渣打銀行則必然拼命抬價，以扳回之前敗給李嘉誠丟的面子。李嘉誠報上28億港元。渣打銀行擺不開英國紳士脾氣，底氣不足，卻打腫臉充胖子，又認為李嘉誠必定拼命抬價，於是豁出了老本，報出42億元的價格。結果當然是渣打銀行獲勝。正當銀行上下舉杯歡慶，打聽消息的探子回來報告，李嘉誠的報價比他們少了14億，頓時一個個臉色變得死灰。總裁的酒杯更嚇得掉在地上，摔得粉碎，連連說，英國紳士上了中國商人的大當。

李嘉誠精打細算，忍住了黃金地段的巨大誘惑，果斷地抽身而退，把燙手山芋甩給渣打銀行。如果他忍不住把自家老底全力押上，有可能占了個無利可圖的上風，又有何意義。他並沒有退一步後又跟上兩步，而是一退躲過了陷阱。

在生意場上，你若遭到對手新產品上市的攻擊，如果對方實力強大，問題不能正面解決，你大可採取迂迴戰略，先退一步，再尋求解決方法，伺機擊敗他。

一家經營得當，業務量直線上升的企業，面臨無法預知的未來，最好的策略就是「以退為進，轉攻為守」。比方說，因受國際經濟不景氣的影響，百業蕭條，再加上通貨膨脹，許多企業紛紛宣告倒閉，大多數人對未來都很悲

觀，你就不能用歷年來很大的增長率預估下一年，而應注意穩紮穩打，暫且收斂激進的銳氣，時刻思考「假如……則……」「萬一……那麼……」。能夠如此戒慎恐懼，你的企業才能可大可久。

任何企業的營運都不可能永保順暢，多多少少會受到阻滯。因此，一定要給自己留下重新爬起的機會。全力出擊時先忍一忍，先想一想你的退路在哪裡，以免被別人後發而制。

三十六計，走爲上策

俗話說：「三十六計，走為上策。」「走」是最低的姿態，卻是最高的戰法。

無論處於哪個領域，各種勢力在接觸與較量時，進固然不可忽視，但在很多情況下，退更為必要。

在企業經營的過程中，經營者「走」的目的有二：

其一，把用於已經沒有前途的產品上的人力、資源撤下，投入新產品的開發，或集中人力、物力，大力生產本企業的主力產品。

其二，面對強大的競爭對手，或是在某些區域性市場，實力對比不及對手，市場前景無望時，應當果敢抽身，轉移市場。

日本日立公司為了擴大企業規模，發展生產，投入了大量資金，購買新建廠房，新添置一些設備。這時正趕上60年代初，整個日本的經濟陷入蕭條期，現有產品滯銷，全

都賣不出去。

面對這一嚴峻之局，日立公司有兩條路可以選擇：一、繼續投資。二、停止投資。

經過高層認真討論、分析、研究，最後果斷地決定走後一條路，停止投資，實行戰略目標轉移，把資金投放到其他方面，積蓄財力，伺機發展。

實踐證明，日立公司的決策非常正確。

從1962年開始，日本三大電器公司中，東芝和三菱的營業額都明顯下降。反之，日立一直到1964年，仍持續上升。

進入60年代後半期，一個新的經濟繁榮期來到，蓄勢已久的日立不失時機地積極投資：1967年投入102億日元。68年上半年就突破了千億大關，達1220億日元。5年內，銷售額提高了1.7倍，利潤提高了1.8倍。

身為企業決策者，若企業面臨危難關頭，必須有膽有識，看準新的門路，當機立斷，實行戰略轉移，及時轉產，調整投資方向，以保企業渡過難關，轉危為安。

「走」之計，並非消極地退出市場。經營者有必須發揮過人的膽略，冷靜、客觀、全面地分析市場形勢，預測市場前景，正確地掌握「走」的藝術。

愈付出，愈得回報

廉‧丹佛說：「生活中偉大的法則之一是：你付出越多，得到的回報也越多。」

處於人生的賽場，為了得到什麼，你必須先有所付

出。可惜，許多人面對生活的火爐前，只會說：「火爐啊，給我一些熱量吧！我會幫你添柴的。」

員工對老闆說：「給我加薪，我會更努力工作，更盡職盡責⋯⋯」

售貨員對老闆說：「讓我做銷售部經理，我會讓你看到我的能力⋯⋯」

銷售經理對老闆說：「直到現在，我都還沒有發揮最大的才幹。請你讓我做老闆，看看我如何表現⋯⋯」

學生對老師說：「如果這學期我的分數太糟糕，爸媽會責罵我。老師，如果你這學期給我高分，我發誓下學期會刻苦學習。」

以上種種，就如同農夫祈禱上天：「主啊！如果今年你給我糧食，我保證明年會更加辛苦耕耘。」實際上，他們想說的是：「先給我更高的報酬，我就會增加生產。」

但是，生活的規律並非如此。你想生活賜予你什麼，你必須先有所付出。

幾年前一個炎熱的夏天，伯納德・哈古德和傑米・格倫把車停在一座廢棄的農舍後面。這農舍的庭院中有一台抽水機。他們跳下車子，向抽水機跑去，抓住手柄就猛力壓水。壓了一兩下，伯納德指著一個舊桶，要傑米拿去附近的泉邊打一些水，好倒入抽水機中，使它能透過吸力，抽出水來。

抽水時，你必須在抽水機頂部放一些水，讓抽水機吸力，水才會湧出來。

現在，如果你在剩下的人生之路上遵循這個規律，許多問題將會迎刃而解。只有那些領會了抽水機原理的人，才能從今日的售貨員躍升為明日的銷售部經理。你付出，

就會有所收穫。

工作中遇到問題，你怎麼辦？專家的忠告是：靠自己解決。這樣一來，可以突顯你的才幹。為公司做出更大的貢獻。

廉‧丹佛指出：「事實上，不少晉升的機會都是由那些聰明的雇員，在做了超出其職責之範圍的工作時贏得的。沒有什麼事比解決難題更能打動老闆。」

寬厚仁愛，不圖回報

和諧的人際關係，必須依靠情感維繫。情感最基本的表現就是人情味。一個人獨處幽室，無所謂人情味。一旦投入社群，缺乏人情味，就會失去與人交往的基礎，也就無法編織和創造和諧的人際關係。

研究發現，人的本性中有一種替別人著想的傾向。處處替人著想，就沒有溝通不了的感情，也就不致出現不和諧的人際關係。

宋代，游酢、楊時二人去拜訪哲學家程頤，見其在屋內瞑目而坐，沒敢驚動，靜靜地侍立門外。當時正下大雪，直到積了一尺多厚，程頤才睜開眼睛，叫游、楊二人入內。這就是成語「程門立雪」的由來。

這種在交往中替人著想的品德，用於為人處世中，會獲得意想不到的收穫。

古人倡導「仁」心，稱它是人的一種「成熟的美德」。仁者愛人，寬則得眾。與人相處，時時培養仁愛的胸襟，

處處表現出人情味，在正常情況下不難做到。但是，一旦自己受到損害，又如何？

春秋時代，有一次，楚莊王大宴群臣。忽然一陣風吹滅了蠟燭。有人乘機調戲莊王的愛妃。那妃子情急之下，扯下調戲者的帽纓，然後告知莊王，請他下令追查。莊王卻說：「我擺宴，有人醉後失禮，不能全怪臣下。」繼而，他下令群臣把帽纓全部拔下。

「種瓜得瓜，種豆得豆。」後來，這個曾調戲過莊王的妃子，被拔去帽纓的將佐在楚晉相爭時，衝鋒陷陣，奮不顧身，為擊敗晉軍立下大功。

莊王當時是「經路窄處，留一步與人行」，充分表現出他的寬厚仁愛之心和令人歡服的人情味。他並沒有期求回報卻得到回報，這正是他成就霸業的主要因素。

PART 6

第六堂課
巧妙應對，防止敗局

上司經常遇到的問題

1 · 「我的員工經常誤解了我的指示。」

你必須確認你的員工已明白你所提出的要求，在你發出指示或培訓員工時。不過，你要求下屬領會你的意思，一定要小心，不要聽起來像是你認為他們太笨聽不懂你的指示似的。你有責任確保你的指示清楚、明確而具體。

2 · 「我的員工總是提出一些毫不重要的問題，讓我把寶貴的時間浪費了。」

某員工去找主管解決他碰上的難題。這時，主管先徵詢員工的意見：「你認為該怎麼做？」效果會更好些。許多情況，員工知道要做什麼，只是缺乏自信，主管這樣做，就可以鼓勵他獨立思考。當他意識到自己其實早已想到答案，主管又很支持他的想法，他對自己的判斷就會更有自信。

如果下屬確實不知如何，主管當然要幫助他，因為主管的功能就在於此。

3 · 「我討厭懲罰下屬！」

你可能缺乏監督管理方面的適當培訓。接受這方面的訓練，這樣，你在做出處罰下屬的決定時就會覺得舒服些。記住：你的下屬的所作所為關係到你工作的好壞。如果你允許他們工作成績馬馬虎虎，就等於為自己招致高層的斥責。

懲罰的目的是要糾正下屬低效率的工作方式或有問題的行為，而不是要培養這種意念：懲罰就是要報復員工。說罰就罰，做得公正得體，不要對那些受到懲罰的人感到內疚。要讓員工知道，如果他的消極作為持續，會帶來什麼樣的後果。

4·「我的員工總是把那些難以對付的客戶交給我處理，從來不自己想辦法解決。」

教他們與那些難相處的人打交道所需要的技巧。跟他們解釋，你期望他們怎樣對付謾罵、侮辱或威嚇的行為。你可以指示他們，必要時可以掛斷電話，或將電話轉到你這裏來。

一般情況下，暴怒的客戶會把他們所有的怒氣都發泄到與雙方業務相關的員工身上。對主管或經理，他們則會變得像點心一樣甜。不要以為你的員工把客戶的不愉快誇大了。應該確認客戶做出什麼樣的行為是可接受的，什麼樣的行為是不可接受的。你的員工若受到客戶不公正的待遇，要支持你的員工，並向客戶解釋：「在我們這裏，不能容忍對員工的欺凌。我建議你為你的說話方式向王小姐道歉。」

5·「高層說，對特殊的客戶可以通融。我的員工反對這樣做。」

你的下屬拒絕客戶的要求。客戶越過他們，說服比你職位更高的人同意他們的要求。沒有什麼事比這種情況更令人惱火的了。與你的上司談一談，支持你的下屬。請教你的上司，那些硬性的規定是否可以權宜行之。舉出具體的例子，提醒你的上司，那些規定若隨意改變，會帶來哪些麻煩，造成怎樣的損失……在找你的上司之前，你準備

得越充分，他們就越不可能駁倒你或不理會你。如果你的上司駁回你的請求，向他報告員工那裏發生了什麼情況。

6·「我的雇員期望我採納他們所有的好主意。」

判斷每一個新主意的優點。如果有什麼因素會導致它不能奏效，你應該清楚地說明你的結論。員工的主意確有可取之處，解釋你為什麼能或不能在某一特定時間運用它，繼續鼓勵你的員工提出新的想法。別忘了，他們才是真正的任務執行者，如果你阻止他們表達他們的想法，就會打擊他們的積極性。

7·「我有一位員工，他總是處處設置障礙，什麼事都要按照他的方式去做。」

只要你的員工有能力，你就應允許他按自己的方式去完成工作。就如何完成工作，若沒有一個可靈活掌握的伸縮空間，就清楚地表明你的指示。向員工解釋，你的指示將會帶來你所希望的結果。如果你的員工還要爭辯，問問他：「你是不是拒絕按我的要求去做？」他若說：「是的。」你可以讓他承擔不服從的責任。給他一個記錄在案的正式警告。

8·「我的員工善於營造人際關係，但缺乏條理，若沒有人管，他就會打電話長達幾個小時。」

讓這個人擔任公司的代表，直接與客戶打交道。給出具體而詳細的指示，明白表示你到底想要怎樣幹。一定要清楚地告知他近期的工作範圍、業績評估標準以及完成工作的時間限制。告訴他，不要打私人電話。動用紀律，講明如果他繼續這樣做，會帶來什麼後果。

9·「我是不是該和我的下屬打成一片？」

如果你過去是和下屬一起工作，這個問題可能很棘

手。提醒自己，現在你有了一個新的、與你同等級的交往群體，你應該與其他主管打成一片，而不是你的下屬。當然，不是說你不能同你的下屬共飲咖啡，但不要只和一兩個員工親密交往。如果你與某位下屬一起打保齡球，其他人就會以為你在表明你對「球伴」的偏愛。如果你確實決定只與某些下屬打交道，就不要與他們討論工作，因為這對其他成員不公平。

下屬經常遇到的問題

1·「我的老闆人很好，但是，當他表明他要我做什麼的時候，總是模糊不清。他自己都不清楚要讓我幹什麼，今天要我這麼幹，明天又會改變主意。」

對付這樣的上司，你可以將他交代你的所有任務的每個細節都記錄下來，向他確認你所理解的正合於他的想法。有什麼不清楚的地方，就提問，看他怎麼解釋。如果他第二天改變主意，你可以把你記錄下來的東西拿給他看，讓他解開自己的矛盾。

他改變了主意，你表明不知該怎麼辦才好，並把那張記下他最初指示的單子拿給他看，再根據他的要求在單子上修改，這樣，你的上司很快就會意識到他是多麼缺乏定見，也就可能願意多花點時間，想想自己對下屬到底有什麼要求。

這種人如果參加管理培訓課程，必然會有所收益。他們會學會在交代任務之前先規劃一下，這樣就可以節省雙

方的時間。

2‧「我的上司總是要求我做不屬於我份內的工作。」

確認你的上司想從你這裏得到什麼，以界定你的職責範圍。然後，當你覺得某項業務工作並不在你的職責範圍之內，就去同你的上司談一談，看能否由其他人來接手這份工作。

3‧「我的老闆是個完美主義者，他有時對下屬要求得太多了。」

想想你的老闆需要的是什麼。不要跳過細節，向老闆提供其他方案。如果必要，提供第二套、第三套方案。書面呈交新的創意，包括利與弊的分析、可供選擇的替代方案等等。

4‧「我的上司常常當眾處罰我。」

首先，你應該讓你的上司明白你的感受。要求你的上司設身處地地想一想，他當著其他員工的面懲罰你，對你來說是多麼大的羞辱。告訴他，私下對你提出批評，你更容易接受。如果以後他還是當眾處罰你，那麼你只好不在這裏幹了。

5‧「我的老闆是一個很相信競爭之功效的人，他希望我與同事競爭，可我並不想。」

你現在從事的職業可能並不適合你，因為鼓勵員工競爭是一種幾乎無法回頭的趨勢。

公司應該保證對那些有同等經歷的人，競爭的標準完全平等。如果你剛進公司，就不可能與那些已經建立了固定銷售客戶和銷售網的人競爭。公司期望你超過他們是不可能的。受過培訓且已有六個月工作經歷的人，才可能與公司其他有同樣經歷的人競爭。

許多銷售人員喜歡競爭，但有些並非如此。對後者來說，為自己定下更現實的目標更有效。許多銷售主管可能會給你很大的壓力。他們希望員工展現自信並富於攻擊性。很容易改變立場的員工並不受歡迎。在與這樣的上司討論之前，你必須仔細準備。在試圖說服上司做些變動之前，你要保證有多條行之有效的方案可供使用。

6‧「當我和客戶之間陷入麻煩，我的上司一點都不維護我。他經常站在客戶一邊，到頭來還得我自己替自己辯護。哪怕我是對的，我的上司也從不支持我。」

有些上司在雇員和客戶發生衝突時，會自動站在客戶一邊。這樣做是對下屬的嚴重不公。員工必須解釋他的立場，要求上司保持冷靜，公平處事。

上司應該記錄下客戶提供的所有事實，然後向客戶保證他會對此進行調查。

你很明白你已正確地執行自己的職責，你的上司卻沒有維護你，這時你必須表明你的感受。

你可以說：「我有點問題想請您幫忙解決。上個星期，史密斯太太要求我為她通融一下，違反一次規定。我向她解釋，公司要求我嚴格地遵守規定，我不能按她的要求去做。她對我說，我若不通融，她另有管道。類似情況在上星期發生了四次，我都沒有通融。但是，不久前他們告訴我，他們已得到他們想要的。我覺得我好蠢。如果規定可以改動，我想知道，下次遇到類似的問題，我該如何處理？」

7‧「我得以代理身分在我的上司不在的時候，做他那份工作，而且沒有任何報酬。我必須處理他的工作，又得辦我自己的事。這太不公平了。」

問問你的上司，當你兩份工作都要做時，哪一份你可以先放一放。

　　不過，回頭想想，在你的簡歷上加上「上司不在時，代理主管的職責」，看起來很出色，很可能幫你將來謀得主管的位置。所以，如果你認為你可以勝任兩份工作，儘量去做吧！

　　8・「我的上司老是侵犯我的職權……」

　　喬尼和他的經理傑西之間出了點問題。喬尼剛剛出任四名員工的主管。出於善意，傑西允許員工繞過喬尼，直接向他求助。

　　傑西違反了一條最基本的工作守則，削弱了喬尼管理下屬的權力和威嚴。

　　一般情況下，經理不能繞過員工主管，直接向他的下屬交代任務，也不適於捲入有關員工主管對下屬的獎罰和業績評估的事務。

　　喬尼必須使經理傑西明白，由於他要對他和他的下屬所做的每一件事負最終責任，他必須全權管理自己的下屬。這樣，他的工作才能更有效率。

　　9・「我總是見不到我的上司。」

　　古麗有個困擾，她不知道怎麼做，才能讓她的主管告訴她他在哪兒？辦公室裏有一張小黑板，每個人外出，都要在上面寫明去了哪裡。但她的上司很少這樣做，而且經常從後門離開辦公室。他很少待在辦公室，不是在開會，就是把自己關在一個別人看不到的地方。

　　古麗必須把她被迫要自己解決問題，由於主管不在，沒有人商量，給她帶來了哪些問題等等記錄下來。然後她應該尋機問問她的主管，當他不在時，是否有其他的主

管，她可以請示。

10‧「我的主管想知道我所有的私生活，可是我不想跟他談論這些。」

你可以說：「我希望將我的私生活與工作分開。我覺得，這樣對我更好。」

如果你的上司還糾纏不清，問問他：「為什麼我的私生活對你那麼重要？」

勇於放下身段

有求於人，必須放下身段。一個人有些「身段」，是一種「自我認同」，並沒有什麼不好。但這種「自我認同」可能變成一種「自我限制」。比如說：「因為我是這種人，所以我不能去做那種事。」而且，自我認同感越強的人，自我限制可能越厲害。

千金小姐不願和保姆同桌吃飯；博士不願當基層業務員；高級主管不願主動去找下級職員；知識分子不願去做體力工作……他們認為，「君子動口不動手」，那樣做，有損他們的身分。

殊不知，這種「身段」會讓他們的路越走越窄。並不是說有「身段」的人就不可能有得意的人生，但面對非常時刻，如果放不下身段，可能逼得自己無路可走。

比如說，博士找不到適合的工作，又不願當業務員，只有挨餓了。如果能放下身段，路就會越走越寬。

你如果想在社會上走出一條路，就要放下身段。也就

是：放下你的學歷、家庭背景、身分，承認自己是「普通人」。不要在乎旁人的眼光和議論，做你認為值得做的事，走你認為值得走的路。

「放下身段」，在競爭上有幾個優勢：

能放下身段的人，他的思考很有彈性，不刻板，願意吸收各種資訊，儲存一個龐大而多樣的資訊庫。這將成為他的本錢。

能放下身段的人可以比別人早一步抓到好機會，而且選擇更多，因為他沒有身段的顧慮。

有一則故事說：一個千金小姐帶著婢女在饑荒中逃難。乾糧吃盡後，婢女要小姐一起去乞討。千金小姐顧及到「我是小姐」，不願去。

結果，她只能「礙了面皮，餓了肚皮」。

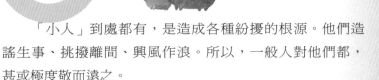

不必嫉惡如仇

「小人」到處都有，是造成各種紛擾的根源。他們造謠生事、挑撥離間、興風作浪。所以，一般人對他們都，甚或極度敬而遠之。

仇視小人固然足以顯出你的正義感，但不合乎保身之道。因為你的「正義感」暴露了這些小人的無恥、不義，他們必會尋機報復。

再壞的人也不願被人批評「很壞」，總要披一件偽善的外衣。這是人性。你特意凸顯的「正義感」，卻照出了他們的原形，這不是故意和他們過意不去嗎？

君子不畏謠言攻訐，因為他問心無愧。小人看你暴露了他的真面目，為了自保，為了掩飾，他必定是會對你展開反擊。也許你不怕他們的反擊，也許他們也奈何不了你，但你要知道，他們是在暗處，善於使用不法的手段，而且不會輕易罷手。看看歷史上留下的斑斑血迹吧，有幾個忠臣抵擋得過奸臣的陷害？

所以，和小人保持距離就好了，不必嫉惡如仇，和他們劃清界線。切記：他們也需要自尊和面子。

唐人呂坤在《呻吟語》中說：「處小人，在不遠不近之間。」太接近小人，對自己是一種負擔。冷落了他們，又會招致嫉恨，不知其心懷何等鬼胎。所以說，保持適當的距離才是上策。

「由於喜歡蛇，貿然撫摸牠，很可能遭牠咬噬而中毒。倘若因為不喜歡老虎，動手攻擊牠，則可能反被老虎所吞噬。」

因此，必須遠離老虎和蛇。即所謂「敬鬼神而遠之」。

這裏的老虎和蛇就意指小人。

孟子說：「君子之所以異於常人，在於其能時時自我反省。即使受到他人不合理的對待，也必定先反省自身，自問，我是否做到了仁？是否失禮？否則人家為何這樣待我？自我反省的結果，已合乎仁也合乎禮了，人家強橫的態度仍然不改。那麼，君子必然反問自己：我一定還有不夠真誠的地方。再反省的結果，自己並沒有不夠真誠的地方，人家強橫的態度依然如故。君子這時會感慨地說：「他是個行為乖謬的人。這種人和禽獸有何差別呢？對禽獸，根本不需要斤斤計較。」

PART 7

第七堂課

學會糊塗，難得糊塗

不要處處顯得比別人聰明

要比人聰明，但不要告訴人家，你比他聰明。如果你想證明什麼，別敲鑼打鼓，努力去做即可。

羅斯福入主白宮的時候，坦然承認，如果他的判斷有75％是對的，他就覺得十分滿意了。

像這樣一位傑出的偉人都承認自己的判斷最高只有75％的準確率，比較起來，你我又有多少把握呢？

如果你做到55％的判斷是對的，就可以到華爾街去日進斗金。如果你的判斷準確率不到50％，又憑什麼去指責別人常常犯錯？

你可以借助眼神、音調或手勢，甚至當面批評某人的錯誤。但是，你指出他的錯誤，他不一定同意你的觀點！而且，你已傷害他的自尊，難免招致他的反擊。也許你能夠用柏拉圖或康德的哲學和邏輯解釋你的批評，但作用恐怕不大。

不要態度高傲地說：「我證明給你看。」這等於向他表明：「我比你聰明，你應該改變你的看法。」這種做法會引起反感，並可能導致一場衝突。如此一來，想改變對方的觀點就更不可能了。

英國詩人波甫說：「你在教人的時候，要若無其事，不知不覺地說出來。」

三百年前，科學家伽利略如是說：「你不能教人什麼，只能幫他們去發現。」

查斯特・菲爾德爵士他的告訴兒子：「如果可能，要比別人聰明，但不要告訴人家，你比他聰明。」

蘇格拉底也一再告訴弟子：「我只知道一件事，那就是我一無所知。」

我們不可能比蘇格拉底更聰明。所以，從現在開始，不要再直接指出別人的缺點或錯誤。那必然要付出代價。如果你認為某某人說的話不對——是的，就算你確信他說錯了——最好還是這樣講：「等等，我有個想法……也許有些膚淺。如果我說錯了，希望你糾正我。讓我們共同探討這件事。」任何時候、任何地方，絕不會有人會對這樣的言語產生反感。

倫克就曾用這種方式解決了一件顧客投訴的糾紛。倫克是道奇汽車公司在蒙大拿州的代理商。他曾表示，由於面臨汽車市場的競爭壓力，在處理顧客投訴案件時，相關人員常常顯得冷漠無情，或竭力反駁。這就引起顧客怨聲載道，終至影響了生意，造成許多不必要的麻煩。

他說：「這種辦事的態度確實於事無益。我很快就做出調整，向顧客說：『我們公司確實存在一些問題，我在此深表遺憾。請把你遇到的情況告訴我好嗎？』

「這種做法有效地消除了顧客的敵意，顧客在整個過程中顯得通情達理多了。許多顧客對我的態度感懷在心，其中兩個人後來還介紹他們的朋友前來買車。在競爭激烈的市場，我們非常需要這樣的顧客。我相信：尊重顧客的意見，對待顧客周到有禮，才能贏得市場上的競爭。」

心理學家卡爾・魯吉斯在他的書中寫道：

「了解別人的想法，你會得到很大的收穫。也許你會覺得奇怪，真有必要去了解別人的想法嗎？我要說，是

的。我們對許多『意見』的第一個反應通常是『估量』或『評斷』，而不是去『了解』。每當有人表達自己的感受、態度或是信念時，我們的反應是：是對是錯？是好是壞？是智是蠢？有理無理？很少去了解他們話語中的真正含義。」

南北戰爭期間，有個叫何瑞思·葛里萊的編輯堅決反對林肯的政策，並深信能夠通過自己那犀利的文筆，改變林肯總統的做法。於是，他日復一日、年復一年地撰文攻擊林肯。即便是在林肯被刺殺身亡的那一天，他也沒有停止攻擊。

他這麼做，是否改變了林肯的態度呢？當然沒有！切記：批評、指責、謾罵，永遠無法改變任何人！

如果你想改善自己與人相處的能力，或是擴展自己的人脈，可以去讀一讀班傑明·佛蘭克林的自傳。

在這本自傳中，佛蘭克林詳細地描述了當年他如何改掉自己爭強好辯的惡習，變成一個了不起的外交官。

佛蘭克林年輕時意氣風發，不知收斂。有一次，他的一位教會朋友突然把他教訓了他一頓：

「佛蘭克林！你這人真是不可理喻！當你提出與人相左的意見，措辭總是那麼強硬。這種話，別人麼聽得進去？有朝一日，你的朋友都將離你而去。事實上，你懂的確實很多，大多數人根本無法辯得贏你。但他們會因此更加懶得與你交談。如此一來，你的知識將永遠止於你個人所有。你不懂得集思廣益，最後將無可避免地會變得非常貧乏、空洞。」

班傑明·佛蘭克林一生中所做最值得稱道的事，莫過於冷靜地接受了這位朋友的訓誡。若非大智之人，不可能有這種勇氣認錯，並立即痛改前非。

「從此，我自己訂了一條規則，」佛蘭克林說：「永遠不正面反駁別人的意見，也絕不固執己見。我甚至不允許自己使用任何過於強烈的用詞，如『絕對』、『毋庸置疑』、『千真萬確』等，而只用『我想』、『據我了解』、『我推測』等較緩和的語氣陳述自己的意見。

　　「當別人發表了我認為不對的觀點，我第一個反應就是先止住自己當面駁斥的衝動，然後才舉出對方觀點中一些值得商榷的地方。我會說，他的觀點在某些特定場合可能正確，卻不能應用於眼前的狀況。很快我就感受到這種態度的轉變所帶來的好處。我在與人交換意見時，氣氛變得比以往融洽許多。我提出意見時態度愈謙和，人家反駁的情況愈少。而且，變得容易規勸別人放棄錯誤的成見，接受正確的建議。

　　「這種做法，剛開始，很難控制得十全十美。但久而久之，習慣成自然，就變得相當得心應手。50年來，我從未發表過任何措辭強硬的論斷，這種謙和的態度，使我在議會中受到普遍的支持。我的演說能力並不好，根本談不上口若懸河，但我的主張仍常獲得通過。」

　　採取這種態度，在商場上是否也能無往不利呢？這個問題，我們用一個故事做說明：

　　住在紐約自由街的馬哈尼的職業是推銷一種與石油工業相關的特種裝備。有一次，他接到長島一位重要客戶的訂單。其後，設計好的藍圖已獲得客戶認可，正式進行生產。不料事情突生變故：那客戶的朋友竟然斥責他犯下嚴重的錯誤。這人認為馬哈尼的設計有誤，並將其藍圖批評得一無是處。最後，那客戶在電話中痛斥馬哈尼，聲稱拒絕購買正在生產中的那批特種裝備。

「我仔細將設計重新檢查一次，發現我的設計並無錯誤。」馬哈尼後來回憶此事時說道：「我看出那位客戶和他的朋友對此並不十分了解，但我絕對不能當他們的面說出這話。我親自去長島跑了一趟。那客戶一見我進門，立即暴跳如雷地咆哮起來，激動地揮舞著拳頭。罵了許久，他才憤憤地問道：『現在你打算怎麼辦？』

「我冷靜地告訴他，一切尊重他的意見。『你是付錢買這種裝備的人，』我說：『你當然有權要求裝備完全合乎你的要求。這件事，總是有人要負全部責任。如果你確認我的設計有錯，雖然目前已投入了兩千美金，我們仍將停止生產。只要能取悅顧客，我們絕不會吝惜這區區兩千美元的損失。但反過來說，如果我們的設計，事實上完全合乎你的要求，那麼，希望您也能扛起您的責任。若您仍要繼續生產，那麼生產過程中的一切問題，我們也自當負全部責任。』

「說到這裏，他的情緒平靜了許多，並告訴我：『那好，你繼續幹下去！如果錯在你們，到時誰也幫不了你！』

「當這個人揮舞著拳頭，在我面前囂張地罵我無知、低能時，我費了好大勁，才壓下那股與之據理力爭的衝動。但這麼做的收穫是不容否認的。如果我當場揭發他的錯誤，甚至訴諸法律，與他對簿公堂，不但勞民傷財，還將因此損失一個大主顧。所以，我一直都很相信，頂撞他人，當場道出他人的錯誤，絕對有百害而無一利。」

大多數人都犯過武斷、偏執的毛病，具有固執、嫉妒、猜疑、恐懼和傲慢的人性弱點。

當我們犯錯時，也許會在心裏承認。假如對手的態度溫和些，或做一些技術性處理，我們也可能向他們認錯。

但是，假如對方有意讓我們難堪，情況就會截然不同。

如果你過於直率，再好的意見也可能遭人反駁，甚至造成很大的衝突。你傷害了人家的自尊，只會讓自己成為不受歡迎的人。

別與顧客、配偶或任何人發生衝突，指責他們，惹他們動怒。如果非得提出不同的看法，也得運用一點技巧。沒有人喜歡你強迫他去做事。我們都喜歡按照自己的意願購買東西，或照自己的意念行事，希望別人徵詢我們的願望、需求和意見，而不願受人強迫。

江海之所以能為百川之王，是因為懂得身處低下。所以，想讓別人接受你的觀點，千萬不要高高在上，指手畫腳，別將自己的意見強加於人。

切忌把自己當成絕頂聰明的人

就某件事，如果你能順利地看透相關人士的本意，是不是就能順利地加以處理呢？不！雙方的鬥智這時才真正開始。能透視對方的內心，只不過使你得到一件有利的武器罷了。更重要的是，你要如何使用抓在手中的這把利器？如果不熟悉使用的方法，只知道手拿利器亂揮亂舞，不但不能擊中對方，反倒很可能傷到自己。因此，切勿亂用這把容易傷人的利器。

首先介紹一則一個人因為誇耀自己具有先見之明，終於導致失敗的故事。

魏王的異母兄弟信陵君名列「戰國四公子」之一，知名度極高。因仰慕信陵君之名而往投的門客更是高達三千人之多。

　　有一天，信陵君正和魏王在宮中下棋消遣，忽然接到報告，說是北方國境升起了狼煙，警示敵人來襲。魏王一聽，立刻放下棋子，就要召集群臣共商應敵事宜。信陵君卻不慌不忙地止住魏王，說道：「先別急！或許是鄰國君主出行圍獵，我們的邊境哨兵一時看錯，誤以為敵人來襲，所以升起煙火，以示警戒。」

　　過了一會兒，果然又來報告說，剛才升起的狼煙並非警示敵人來襲，事實上是鄰國君主在打獵。

　　這時，魏王很驚訝地問信陵君：「你怎麼能如此準確地判斷這件事？」

　　信陵君很得意地回答：「我在鄰國布有眼線，所以早就知道鄰國君王今天會去打獵。」

　　從此，魏王對信陵君逐漸疏遠。後來，信陵君受人誣陷，魏王對他更加猜忌，晚年沈溺於酒色，終致病死。

　　任何人知道了其他人都不曉得的事，難免會產生一種優越感。對這種旁人不及的優點，我們必須隱藏起來，以免招禍。像信陵君這樣知名的政治家，因一時不知收斂而導致終身遺憾，豈不可惜？

　　下面再說一段和信陵君的情形剛好相反的故事——

　　齊國一位名叫隰斯彌的官員，他的住宅正巧和齊國權貴田常的官邸相鄰。田常深具野心，後來欺君叛國，挾持君王，自任宰相，執掌大權。隰斯彌雖然懷疑田常居心叵測，卻依然保持常態，絲毫不露聲色。

　　一天，隰斯彌前往田府拜訪。田常依照常禮接待他，

然後破例帶他到邸中的高樓上，觀賞風光。隰斯彌站在高樓上向四面觀望，只見東、西、北三面的景致都能夠一覽無遺，惟獨南面視線被他家院中的大樹所阻。他立刻明白田常帶他上高樓的用意。

回到家中，他當即命人砍掉院子內那棵阻礙田府高樓視線的大樹。

可是，正當工人開始砍伐大樹的時候，隰斯彌忽又下令立刻停止砍樹。家人感到奇怪，問其究竟。

隰斯彌回答：「俗話說：『知淵中魚者不祥。』意思是說：能看透別人的祕密，不是好事。現在田常正欲圖謀大事，就怕人家看穿他的意圖。如果我按照田常的暗示，砍掉那棵樹，只會讓田常感知到我機智過人，對我的安危有害而無益。不砍樹，他頂多對我有些埋怨，嫌我不能善解人意，但還不致招徠殺身大禍。所以，我最好還是假裝不明不白，以求保全性命。」

這則故事告訴我們，知道太多會惹禍。這是中國古代聰明人的一種明哲保身之策。

現代人更要注意此點，不要讓與己相關者發覺你已知道他的祕密。不過，如果你有意使對方知道你能看穿他的心意，當然不在此限。

辛苦得到透視人心的武器，究竟應該如何運用？這要視場合而定。例如：

人家自以為得意的事，要儘量加以讚揚；羞於啟口的事，要擱下不提。

某人因為怕被人議論自己自私而不敢放手去做某事的時候，應該給他冠上一個大義的名分，使他產生信心，放手去做。

對於自信心十足，甚至有些自負的人，不要直接批評他的計畫。可以提供類似的例子，暗中提醒他。

要阻止某人進行危及大眾的事情，須以影響名聲為由勸阻，並暗示他，這樣做，對他的利益必有大害。

想要稱讚某人，要以另一個人為例，間接稱讚他；想勸諫他，也應以類似的方法，間接進行勸阻。

某人如果頗有自信，不要直接批評他的能力；對自認有果斷力的人，不要指責他所做的錯誤判斷，以免他老羞成怒；對自誇計謀巧妙的人，不要點破他的破綻，以免他因痛苦而生恨。

說話時考慮對手的立場，在避免刺激對方的情況下展現個人的學識和辯才，對方比較可能接受你的意見。

「站在對方的立場考慮」，這種策略也適用於透視對方之後的下一步對策。

這種方法，說得更明白點，就是在不使對手洞察你的意圖的情況下，讓他在不知不覺中自己體會、認識。其間的技巧，在於從旁策動，使對方以為自己原來就打算這樣做，絲毫也沒有發覺自己正為他人所左右。

總而言之，當你看穿某人的心意，千萬不要露出破綻，讓一切計畫進行得很自然。這樣一來，你的策略才可能實行得圓滿而順利。

一個人看透對手的心意，決定採取何種行動反倒相當困難，其困難的程度或許更甚透視對手的心意。尤其是事情若和自己密切關聯，要保持心情的穩定，更不容易。所以，在打算試探對手之前，必須心理上先做準備。否則一旦事情發展到對自己相當不利的情況，自己就會先發生動搖，計畫的進行當然就會受到或多或少的阻礙。

舉個例子，當你發現某人暗中做出背信之行，就怒氣沖天，不能冷靜地考慮對策，自然無法正中要害，給他致命的一擊。

　　遇到這種情況，必須冷靜應付。否則前功盡棄，豈非枉費心機！

小事糊塗的益處

　　什麼叫「小事糊塗」？

　　天底下的事很複雜，某些問題似乎需要認真處理，但實踐的結果是：還不如不處理的好。

　　舉個例子：你的某個下屬小兩口吵架了。按公司規章中「要家庭和睦」這一條，直屬上司必須認真處理。但此事傳到公司高層耳朵裏時，已是幾天以後的事，「兩口子吵架不記仇」，他們現在已經重歸於好，和睦如初。這樣的事如果機械地認真處理，不是重新挑起矛盾嗎？當然是不處理的好。對這類問題，應當學會小事糊塗。

　　維護上司與下屬的關係和提高辦事效率的原則來說，小事糊塗至少有如下三個好處：

可以減少不必要的煩惱

　　一個單位，少則十來人、幾十人，多則幾百人、幾千人，難免發生許多不順意、不合情理的事。對這些問題，身為上司的人如果都認真處理，必定吃力不對好。而且，有些問題，處理後又會出現新的問題，怎麼也處理不完。這些問題原本無關大局，你不去處理，自然會消失，或是

因社會輿論的壓力而被制止。你不去插手，可以減少許多煩惱，又不影響你所管理的工作，何樂而不為？

有利於運籌全局

有不少主管整天忙於處理各種雞毛蒜皮的小事。處理這類問題，費時費力，而且對全局的工作並沒有多大的好處。一個人的精力和時間都有限度，忙於處理這類問題，也就沒有多少精力和時間去運籌全局的大事了。這叫「撿了芝麻，丟了西瓜」。有時甚至費力不討好，連芝麻也撿不著。那些有經驗的主管，他們處理這類事的辦法是：「大事抓透抓緊，小事不聞不問。」

有利於搞好與下屬之間的關係

縱觀某些主管與下屬處理不好彼此之間的關係，主要是因處理一些小是小非的問題有錯或不夠全面。如果乾脆不去處理，不就不存在這些問題了嗎？某些問題發生後，下屬可能很怕主管追究，心中緊張。當然，屬於非追究不可的，應當認真追究，以挽回或減少損失。能帶過的就帶過，下屬會覺得你是一個能理解和容忍下屬之缺點、錯誤的主管，你就會得到他們的感激與尊重。

鄭板橋說：「難得糊塗。」糊塗反而難得，似乎不可理解。其實，要做到糊塗還真不容易呢，必須修養高，發揮雅量。對下屬中發生的小是小非，主管大可不要認真，糊糊塗塗讓它過去算了。

佯裝愚笨，後發制人

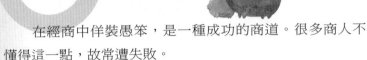

在經商中佯裝愚笨，是一種成功的商道。很多商人不懂得這一點，故常遭失敗。

斯末爾諾夫伏特加酒的經理休布蘭是一位躊躇滿志的企業家。60年代，沃爾夫施密特釀酒廠全力進攻。這次進攻，以價格決勝負。沃爾夫施密特酒每瓶價格比斯末爾諾夫伏特加便宜一美元。很明顯，休布蘭處於相當不利的地位：如果降價，會損失大量的利潤；不降價，原有的銷售額就會被對手逐漸奪去，結果利潤也會下降。

怎麼辦？

休布蘭對沃爾夫施密特釀酒廠的進攻佯裝不知，反而把斯末爾諾夫酒的價格提高了一美元，使它每瓶比沃爾夫施密特酒貴了兩美元，以「顯示」出他賣的酒確實是一種「更好的」伏特加。

然後，他又推出兩種新牌子酒：一種伏特加的價格和沃爾夫一樣，另一種則比它便宜一美元。

這樣，他很快扭轉了局勢，繼續控制市場而且銷量增加很快，1982年售出733萬箱。而沃爾夫施密特呢？僅賣出126萬箱，為前者的$\frac{1}{6}$。

可見，把「假癡不癲，後發制人」的計策用於商業競爭，也頗為奏效。

在經商中佯裝愚笨，不是糊塗行事，任人宰割，而是用心計控制對手，掌握情勢。

糊塗的兩大技巧

行「糊塗」之道，除了要具備一定的修養和雅量以外，還要發揮一定的技巧和藝術。不然，「糊塗」得不好，也會生出事來，使人不快。

頭腦本不糊塗，卻要表現出糊塗，就得裝糊塗。要裝得好、裝得像，免得弄巧成拙，有兩種裝法：

佯裝不知

有不少主管，對下屬的一些小是小非很感興趣，常打聽，又最愛處理。殊不知，下屬在主管面前，普遍存在一種壓抑感。他們犯的錯，所發生的不光彩之事，最怕主管知道。一些問題被主管知道了，本是小事，但他們不知道主管怎麼看，就會老擔著心。

所以，對那些雞毛蒜皮的小事，要運用一個「懶」字，懶得去聽，懶得去看。不去聽，就能耳不聽，心不煩。聽見了也要裝作耳聾；看見了，裝眼瞎。而且，要泰然處之，從不談及。

佯裝不懂

對那些因風俗習慣所引起的問題，或是婦女、青年、老人之間發生的一些無傷大雅、無關大局的疙瘩，主管最好不去過問，知道了也佯裝不知。如果下屬已經發現你知道了，不能再「裝不知」，就要採取「裝不懂」的辦法應付。搖搖手，說聲：「這個我不懂。」然後不再追問。

裝不知，運用的是一個「懶」字。裝不懂，則要運用

一個「傻」字。

三百六十行，行行有「行話」，許多人之間且互相有「暗語」。某些「行話」、「暗語」，下屬最忌主管知道，因為這些是用來互相取笑、互相嘲諷的。對這樣的「行話」、「暗語」，你聽到了，且知道其中的意思，也要裝不懂；即使自己被罵上兩句也要裝傻，甚至傻笑幾聲。這樣，彼此間會出現一種熱鬧而有趣的氣氛。如果認真分析，嚴肅處理，必會使大家興味索然，一點好處也沒有。在這類問題上，裝聾賣傻，並不失自己的聲望。

糊塗處事，是一種成功之道。當然，這是指小事小糊塗。如果明白於心，恐怕心生煩亂，干擾工作。

掌握好糊塗與聰明的界線

人人都渴望聰明。但聰明得過了頭，常適得其反。假如你能掌握好糊塗與聰明的界線，就可能大不一樣了。我們知道，超凡的才華加上承擔責任的非常勇氣，換來的不一定就是成功！人生如戲，演繹著幻化無窮的各種偶然，稍有懈怠，就可能有所閃失。因此，必須學會在糊塗與聰明之間劃清楚只有自己知曉的界線。

紀曉嵐是個智者，而且是個由「聰明轉成糊塗」的智者。這種因為人生歷練而幻化出來的智者並不是普通的智者。他的智慧幫助他渡過了許多劫難。直到晚年，機智仍與他相伴。

清代筆記小說中記載了這樣一件事──

嘉慶七年（1802年），紀曉嵐已79歲高齡，再次出任會試考官。在此之前，他已曾兩次充任會試正考官，兩次鄉試主考官，還曾被任命為武科會試正考官。每次主考，他都謹慎從事，嚴防出錯。在主考閱卷期間，他每次都寫詩表明自己要慎重取人。偏偏他最後一次主考，特別謹慎，卻出了一點不大不小的麻煩。

　　原來，會試後不久，按照規定的程序，經過斟酌，確定了前幾名的名單和次序，並對試卷加了詳細的評語。當時尚未發榜，這都屬絕密訊息。誰知這些情況都一一露了出去。多數舉子對紀曉嵐的評語也一清二楚。這下可捅了大樓子。

　　舉子們免不了議論紛紛：「試卷詩未等提榜，怎麼漏了出來？」

　　「前幾名莫非有考官的親戚？」有人推測。

　　「說不定啊！錢能通神，營私舞弊者多矣！」

　　這些話傳到紀曉嵐耳裏，他感覺到此事非同小可。按照當時的科舉紀律，泄密之人不僅會丟官、蹲監獄，甚至可能被殺頭。有關人員也要牽連進去。正考官和副考官負全責，自然脫不了關系。大清歷史上，這樣的例子不少，牽連之廣，處罰之嚴厲，可說令人觸目驚心。此次科場風波如不妥善處理，勢必引發一場災難。

　　考慮到此，紀曉嵐把另一位正考官左都御史熊枚和副考官內閣學士玉麟、戴均元找來商討。

　　熊枚說：「被取之人與幾位考官並無任何關聯，係秉公取錄。即使有私情，也只會保密，絕不可能泄密。」

　　「泄漏此事，看不出目的，可能事出偶然。」戴均元感到有些迷惑不解。

紀曉嵐也覺得此事奇怪。泄漏此事，無非把水攪渾而已，對大家都沒有好處。可能是無意中出錯。他反覆權衡，最後決定把事情攬在自己頭上。於是他坦然說道：「此事待我去奏明聖上。」

嘉慶這時早已得到稟報，雖然很惱火，但不明白為何會出現這樣的事。他下令追查，並把紀曉嵐召來問話：「愛卿，此事係何人所為？」

「啟稟聖上，臣即泄漏之人。」紀曉嵐不慌不忙，慢條斯理地說。

「你……」嘉慶一聽，大為吃驚。他知道紀曉嵐向來辦事謹慎，這種事絕不會出在他身上，可能另有隱情，於是問道：「卿何故泄漏？」

紀曉嵐非常平靜地說：「為臣書生意氣，每有佳作，反覆吟詠，難免在朋友間漏出幾句。此事實出無意，如聖上動怒，微臣甘願領罪。惟求聖上開恩，不要株連他人。」

嘉慶聽他說罷，已明白他意在消解此事。他見事情僅是偶然出錯，不僅怒氣消了一半，而且立即下令撤回追查此案的大臣。

一場將要掀起的大風波，就在紀曉嵐巧妙周旋下平息下去。那些參與此科會試的大小官員個個感謝紀曉嵐，至於那真正泄密的人雖不敢明言，他的感激自必更深。

此事並不見於正史，只見於野史的零星記載。但嘉慶七年的會試確有一些波折，紀曉嵐也曾做過解釋：「臣等竭二十餘晝夜之力，往來商榷，務核其真，雖識見檮昧，不敢自保其無訛，然黜偽崇真之念，則協力矢之，均未嘗逾越尺寸也。」

不管出於何故，嘉慶並未深究此事，紀曉嵐也沒有受

到什麼處分。這其中或有紀曉嵐與嘉慶關係密切的因素，但主因恐怕還在於查無實據。然而，此事確實反映了他承擔責任的勇氣和魄力，恐怕這是紀曉嵐之所以被人尊重的重要原因之一吧。

PART 8

第八堂課

靈活辦事，巧妙做人

關鍵時刻，要先發制人

實在人往往後人一手，而不能先發制人。這樣一來，自然常常導致敗局。

佐佐木基田是日本神戶的一位大學畢業生。畢業後，他在一家酒吧打短工，遇到一位中東來的遊客。兩人因說話投機，遊客慷慨地送給他一隻很有特色的打火機。

這隻打火機妙就妙在：每當打火時，機身便會發出亮光，並且隨之出現美麗的圖畫；火一熄，畫面便消失了。

佐佐木反覆擺弄、玩味，覺得十分新奇。於是他向遊客阿拉罕打聽這種打火機是哪裡生產的。阿拉罕說，他是在法國買的。

佐佐木靈機一動，心想：「要是能代理銷售這種產品，一定會受到很多人，尤其是年輕人歡迎，肯定能賺一大筆錢。他立刻行動起來，想辦法找到法國打火機製造商位址，E-mail 給他，十分懇切地要求代理這種產品。最後，他花了一萬美元獲得了這種打火機的代理權。

與此同時，日本還有幾個商人也想獲取這種打火機的代理權，結果卻讓名不見經傳的佐佐木捷足先登。若佐佐木沒有「先發制人」，他很可能爭不過其他有代理商品經驗的商人。

在推銷打火機的過程中，佐佐木不停地想想這，想想那。受這種神奇打火機的啟迪，他的靈感再次觸動，想到了成人玩具，並立刻發投入展這項事業。

他從探究法國打火機的訣竅入手，先掌握其竅門，再進行改造，並由打火機推及水杯等，設計製造了能夠顯示漂亮畫面的水杯產品，大受日本人歡迎。

他造出的這種水杯，盛滿一杯水時，便出現一幅美麗逼真的畫面。隨著水位的不同，畫面也發生變化。用這種杯子品茶閒談，確是一種享受，許多人都愛不釋手。

佐佐木積累資金後，開辦了一家成人玩具廠，專製打火機、火柴、水杯、圓珠筆、鑰匙釦、皮帶釦等帶有奇妙特色的產品。這些產品，市面上不是沒有，但佐佐木總是先人一步，在某項功能或某種款式上下工夫，做到人無我有、人有我優。總之，要弄得有別於他人。他憑著才氣和靈活的頭腦，赤手空拳闖天下，終於由一個窮書生變成了腰纏百萬貫的富翁。

奇妙的打火機引導著佐佐木走上神奇的發家之路。

「先發制人」是指比對手搶先一步，也就是「快打慢」的手法。但怎樣打法呢？那就得看看要打的是什麼人，環境怎樣。比如你想藉由拉住某位客戶，引起上司的注意，「先發制人」，勝面大些。尤其是對偶然的機遇，你更要搶先一步，因為時機不會等人。

不做「濫好人」，要對付「各種人」

對實在人而言，怎樣不做「濫好人」，小心對付他人是一門必須修煉的學問。

1‧要會應付人。要「小心應付」某些人，當然有點令人傷感。若能不用對人防備，日子還是比較好。可是，「一樣米，養百樣人。」你不小心應付，便可能吃虧。須知，並不是所有人都是「好人」。

一般情況下，以下這些類型的人，你必須小心應付。

①甜嘴巴：這種人開口便是大哥大姊，叫得既自然又親熱，也不管他和你認識多久。除此之外，還善於恭維你，拍你的馬屁，把你「哄」得舒舒服服。並不是說這種人就是必須防備的「壞人」。但他們嘴巴伶俐，容易使人心不設防，如果他對你有不軌之圖，你就可能上他的當？

②笑面虎：這種人好像沒脾氣，你罵他、打他、羞辱他，他都笑咪咪；有再大的不高興，他也藏在心裏，讓你看不出來。這種人也不見得是壞人，可能個性就是如此。可是，你很難搞清楚這種人心裏在想些什麼，他的好惡及情緒波動。也因此，如果他對你有不軌之圖，你就無從防備。因此，對這種人，你要避免流露出內心的祕密，更不可和他談論私人的事。他害你的或然率大約50%！所以，不如保持禮貌性的交往，他打哈哈，你也打哈哈。

③藏鏡人：這種人時時把自己隱藏起來，不讓你知道他的過去、家庭、同學，知道他對某些事的看法，高深莫測。這種人可能是因環境的影響所造成，不見得是個「壞人」。但和這種人交往，有些讓人提心吊膽，最好還是保持一定的距離。

④牆頭草：這種人最大的特色便是「見利思遷」，見風使舵，哪邊好，往哪邊靠。所以，他們的待人處世經常以「利」做取向，因而可能為「利」而背叛良心，傷親害友。他們可以今天和你好，明天卻將你害。所以，和這種人，

打哈哈就可以了，不要有利益、人情上的接觸，甚至寧可故意向他顯示你「無利可圖」的一面，以免他沒事就來打擾你。

2‧學會對待「壞人」。有些人不一定是「壞人」，但因個性使然，或因環境的影響，他們的為人處世有些偏差。對這種人，你的態度要有所保留。如果你給予他們完全的信任，便可能受到傷害。

①自吹狂：這種人很喜歡自誇。如果你願意聽，他可能就成為萬能的人。事實上，這種人的能力頗有問題，他們大多靠吹噓壯聲勢，好比膽小鬼走夜路要吹口哨那般。所以對「自吹狂」所說的一切，先打對折再說。

②支票機：這種人喜歡開支票，任何事，他都可以答應。不只如此，他還可能主動承諾為你做任何事，可是每一張支票都無法兌現。對這種人，你的態度要大加保留，免得大失所望。

③漏風嘴：這種人喜歡到處串門子，講些「我告訴你，可是你不可以告訴別人」的「祕密」。如果他真向你傳播某人的「祕密」，你當然不可再告訴別人。你還要有所警覺，不可告訴他你的祕密。否則，很快你的祕密將不再是祕密。

④銅牙槽：這種人的特色是嘴巴很硬，死不認錯，明明事實擺在面前，他還要強辯，像有一副銅牙槽那般。對這種人，你的態度也要有所保留，因為他可能瞞下更大的錯誤。

⑤好色鬼：這種人見了美色便忘了他是誰。年輕時好色可以理解，結了婚或上了年紀仍然好色，必然時常分心，無法專注於事業，或因色誤事。

⑥天天醉：這種人好飲，而且每飲必醉，甚至每醉必發酒瘋。他們無法控制情緒，常誤事，也誤了自己。

⑦不孝子：這種人連父母都可以不要，甚至虐待他們，他們的為人如何，可想而知。對這種人，你更應該善加防備。

對以上這幾類人，你多給自己一些時間觀察，多給自己一些空間應對，以免受到傷害。

每個人都喜歡「好人」，也歡迎「好人」。因為「好人」不具侵略性，不會傷害人，甚至還會為了別人而讓自己吃虧！做「好人」是性格使然，想不做都不行。而做「好人」，自有其人際關係上的價值。因此，做好人，值得肯定，但不能做「濫好人」。

所謂「濫好人」，就是缺乏原則、主見的「好人」。這種人不知是出於性格，還是有意以「好」去討人歡喜，反正是有求必應，也不管該不該。有時也想堅持，可是別人聲音一大，馬上就軟下來。因為缺乏原則與堅持，常導致是非難分。

借勢將對手置於無路可走的絕境

有時候，實在人自己尚未完全掌握確鑿的事實，對手又狡頑不化，如據理辯駁，定難獲勝。實在人不妨從另一渠道拋出一些對手感興趣的話題，巧妙地將其一步步朝自己所欲達到的目標引來；一旦達到，就迅速拋開話題，借

勢將對手置於進退維谷，無路可走的絕境。這種說話的技巧叫「上樓抽梯術」。

某市個體服裝老闆伍某生意越做越大，營業額大幅度上升。稅務部門要其補繳稅款，但他拒不承認營業額增大。稽徵員多次上門，均被其搪塞過去。

這天，稽徵員老譚找到他。

稍事交鋒，老譚便換成了另一種姿態，以關心的口吻問道：

「有一筆大生意，做不做？」

「生意人，哪有不做的！啥款式？多少？」

「上次那種西裝，兩百套。」

「我正想吃進一批西裝換季。開價呢？」

「每套200元。如果全要，可打九折。咳！可惜你沒有這個肚量。」

「笑話？我就全吃！」

「你全吃？我提醒你：老規矩，貨款必須在兩個月內付清！」

「兩個月，我還賣不出來嗎？」

「這可是3萬多元吶！」

「算個屁！今年以來，我哪個月不賣一兩萬？」

「那好。你先把這幾個月漏的稅補繳了再說吧！」

「你？……天啊！」

這裏，老譚用以制伏伍某的招數就是「上樓抽梯術」。

老譚深知，這場論辯的要害，是要讓伍某承認其營業額的增大。講道理，不通；硬壓，不行。於是他變換話題，利用稅務部門為市場經營牽線搭橋的合法身分和正常職責，以伍某頗感興趣的西裝生意為梯子，適時搭上了

「營業額多少」這座高樓，很有分寸地逐步將伍某朝高樓上引。待其上得樓來，猛然抽梯。這樣，伍某就不得不乖乖補稅了。

老子臨終前最後一次與其學生辯論真理。

老子：「我的牙齒尚存否？」

學生：「一顆也沒有了。」

老子：「舌頭尚在否？」

學生：「舌頭完好地存在著。」

老子：「牙齒剛強而失落，舌頭柔軟而存在，這是為什麼？」

學生：「牙齒嚼物過累，一生用場太多，磨損而亡。」

老子搖搖頭，表示不同意。

另一學生：「先生保護得不好，因此牙齒掉了。」

老子搖搖頭，仍不同意。

眾生：「老師，我們實在不知其因由。」

老子：「你們記住：剛強者死之途，柔弱者活之徵；寡欲虛懷，無為隨遇；逢強韌取，遇剛柔克，是你等必學也。水性至柔，而剛強者必腐；水能長存，柔能克剛。」

眾生：「先生至教，我等銘心刻骨。」

老子臨終之際，以牙齒為梯，循循善導，最後抽去梯子，跟學生講道理，其所用的方法也是上樓抽梯術。

上樓抽梯術的關鍵是要選準梯子，這梯子對對手有很大的吸引力。繼而，要步步深入，誘導對方「上樓」。對方一登上高樓，要把握時機，迅速抽去梯子。對手在斷了後路的情況下，只好認輸。

欲擒故縱顯本領

實在人做事直來直去，方法單一。這萬萬要不得。

如果你喜歡一個女孩，盯著她說：「我好喜歡妳！」那你就完了。從此拜倒石榴裙下，不得翻身。

女人很不可思議。你向她說：「我好喜歡妳。」她也許害怕你的熱情而逃走。相反，你喜歡某個女孩，卻故意裝得無動於衷地離開她，她反而會加緊工夫來追你。曉得這種道理的人，才能在女人面前吃得開。

跟這個道理一樣，在人際關係中，想吸引某個人，討好他反而可能造成反效果。你故意裝得對他毫不在乎，他就會在不知不覺中過來接近你。

如果你想要和一個女人結婚，一開始，你可以用心接近她、討好她。一旦她有了反應，就立刻假裝離開她。這樣一來，對方馬上會反過來接近你。這是個緊要關頭，你要一把拉住她，立刻衝進結婚禮堂。

「將欲奪之，必先予之。」這是任何行動都得把握的要領。與人交往，你自始就一心一意想套住對方，反而可能遭對方忽視，甚至厭煩，覺得你死皮賴臉。

《老子》三十六章說：「將欲歙之，必固張之；將欲弱之，必固強之；將欲廢之，必固興之。」

意思是說：你想要縮小什麼，要先伸長它；想要削弱什麼，要先強固它；想滅掉對手，要先使他強盛。這是欲擒故縱的曲線式思考。

春秋時代，吳王夫差大破越國。越王勾踐花了許多黃金珠寶與美女，去賄賂吳王的寵臣伯嚭，請他為越國說好話，越國才免掉舉國被滅的厄運。然而，勾踐與夫人還是免不了親身前往吳國，去侍奉吳王。

　　越王夫婦到了吳國之後，被吳王關在墳墓旁的一個石室中，叫他們做養馬、打掃、煮飯的雜事。勾踐遭到這麼大的變故與侮辱，雖然心中憤恨，但他經過仔細思考，深知如果要報這個大仇，滅掉吳國，就必須讓吳王以為自己毫無復國之意，並設法誘使吳王驕奢淫逸。

　　因此，勾踐夫婦對他們被分派到的工作，一點也未表現出憤恨的樣子。有一次，吳王夫差生病，勾踐還親自嘗吳王的糞便以診斷病況。他那種忠心耿耿的樣子，使吳王大為放心，終於釋放了他們。

　　勾踐回國之後，日夜思量復仇的方法，結論是：要滅吳國，只有讓吳王上下耽於逸樂，而且相信越國對他臣服，無二心。也就是依舊採用欲擒故縱的辦法。

　　越王勾踐獎勵生產，積財練兵。他派遣最好的木工，揀選最好的木材，送到吳國，讓吳王大興宮殿，以消耗吳國之民力、錢財。其次又派出風華絕代的美女——西施，去蠱惑吳王的心。

　　從此吳王夫差對越國毫無戒心，整日沈迷於女色。越國又進一步離間吳王君臣，使他重用小人而疏遠忠臣，最後更殺了吳國的忠臣伍子胥。待時機成熟，越國一舉滅了吳國，殺了夫差，而成就了霸業。

　　為了謀求人生的大成功，不能在敵手面前實實在在，應當欲擒故縱。這種深謀遠慮的策略，沒有曲線性思考是無法產生的，也就不能應對對自己造成危險的對手。

治住人，才能謀成事

　　不善治人是實在人的一大弱點。但如果你想成為一個成功的領導人，除了自身需要具備一定的能力和修養之外，還應該組設一支團結向上的隊伍。要打仗，不僅需要帶兵的元帥，還應該練出會打仗的兵，注重管理學中的治人之法。

　　你所要組設團隊的素質對你事業的成功至關重要。俗話說：「一粒老鼠屎壞了一鍋粥。」如果你的隊伍中有一兩個「特殊分子」，你的事業就可能導致失敗。

　　你的事業要蒸蒸日上，必須以史為鑒，清除你身邊的奸佞。那麼，哪些下屬是你應該清除的呢？

1．向你阿諛奉承　溜鬚拍馬者

　　許多人喜歡人家奉承自己。拿破崙說：「討厭人家對自己拍馬屁的人少之又少。」然而，奉承最容易迷惑一個人的心。馬屁拍得你飄飄然，不知身在何處，頭腦一熱，你就容易做出錯事來。歷史上的奸臣無一例外，全是溜鬚拍馬的好手。因此，你必須練就一身鐵功夫，不為馬屁所迷惑。

　　比如，你可能是一位很成功的老闆，事業上的不斷成功使你有些陶醉。如果這時你身邊有馬屁精對你不斷吹捧，你就很可能驕傲起來，給自己罩上神聖的光環，而忽視了你的競爭對手。商場如戰場，必須時時高度警惕。你一絲一毫的懈怠都可能使你的對手東山再起。

2．喜歡在上司面前搬弄是非的人

有些人最喜歡說人家的閒話，常常「東家長」、「西家短」，搬弄是非。有些閒話也許只是飯後的談資。但是，在辦公室裏，一旦閒話和利益相掛鉤，就可能變成陰謀。

俗話說：「明槍易躲，暗箭難防。」也許表面上看來，你的下屬互敬互愛，正是利用「流言」這把利劍，假借你之手，除去自己的競爭對手，你卻蒙在鼓裏，終至喪失了你的得力助手，造成賞罰不明的情況。這樣一來，打擊你下屬的工作積極性不說，你還會被人看作是「昏庸無能」的老闆。

如果你的下屬隊伍中有這樣一位「流言源」，你應該毫不手軟，將其除掉。

3．喜歡傳播小道消息，口風不嚴的「傳得快」

有的人總是快人快語。這種人消息靈通，但他們的心中擱不下一丁點的祕密，又喜歡窺視別人的私生活。對於這種人，你身為上司，一定也要提高警覺，千萬不可將之視為心腹，委以重任。

現在是資訊時代，資訊對一家企業來說，無疑就是生命。資訊靈通的公司可能會搶先開發一種新產品，引進一台新機器，為公司帶來滾滾財源。

你的公司決定開發一種新產品，但是很不幸，這一消息被你的下屬「傳得快」很快傳了出去，你的競爭對手馬上想出對策，結果使你的公司造成巨大的損失。你也許還百思不得其解：剛剛做出決定，怎麼可能這麼快就傳到對手的耳朵裏？

之所以要高度警覺，防備這種「口風不嚴」的人，還有一個很重要的原因，那就是現代企業間時常展開的「間

諜戰」，使你不得不步步為營。許多企業為了查探競爭對手的資訊，常常不惜重金，收買眼線，而你那些「口風不嚴」的下屬就可能是你的對手企業所瞄準的目標。一旦你的隊伍中出現了「叛徒」，你的任何機密都不再成為機密，你的事業豈不毀於一旦？

你若想成為一位成功的領導者，請清除你身邊的「隱患」，永保你所組隊伍純潔。對那些「隱患」，你必須斬釘截鐵地對他們說：「請你們走開！」

治人之學，內容豐富，其關鍵就是要能控制你所要治理的人，使他們甘心被你所駕馭和利用。

別封死自己的後路

採取主動的人可以「制人而不受制於人」。你採取主動，與對手展開對談，不只能制住對手，使他搞不清你的態度，也能使第三者懷疑你和對方到底是敵是友。是敵是友，只有你心裏明白。但你的主動，迫使對手處於「接招」、「應戰」的被動態勢。如果對方拒絕你的善意，那他將得到一個「沒有器量」之類的評語。一經比較，你們兩人的分量立即分出輕重。

當眾擁抱你的敵人，可以降低對方對你的敵意，也可避免惡化你對對方的敵意。換句話說，為敵為友之間，留下了一條灰色地帶，免得敵意鮮明，阻擋了自己的去路與退路。

此外，你的行動將使對手失去再對你攻擊的立場。若

他不理你的擁抱，依舊攻擊你，那他必招徠旁人譴責。

競技場上，比賽開始之前，對手之間要握手敬禮或是擁抱，比賽後還要再來一次。這是最常見的當眾擁抱敵人的景象。

在這世上，每個人的智慧、經驗、價值觀、生活背景都不相同。因此，與人相處，爭鬥難免——不管是利益或是非的爭鬥。在競爭激烈的社會，爭鬥的情況尤其明顯。

許多人一旦陷入爭鬥的漩渦，便不由自主地焦躁起來，為了面子、利益，一得「理」便不饒人，非逼得對手鳴金收兵或豎白旗投降不可。然而，「得理不饒人」雖能讓你吹出勝利的號角，但也可能成為下次爭鬥的前奏。「戰敗」的對手也有面子和利益之爭，那他當然就一定要「討」回來。

「得理不饒人」誠然是你的權利，但何妨「得理且饒人」，與人為善？

何謂「得理且饒人」？就是放對手一條生路，讓他有個臺階下，為他留點面子和立足之地。這不太容易做到。但如果能做到，對自己好處多多。

①得理不饒人，讓對手走投無路，有可能激起對方「求生」的意志。既是「求生」，就可能不擇手段，對你自己將造成傷害，好比老鼠關在房間內，不讓其逃出，老鼠為了求生，會咬壞你家中的器物。放牠一條生路，牠「逃命」要緊，便不會對你造成傷害。

②對手無理，自知理虧，你在理字已明之下，放他一條生路，他會心存感激，來日自當圖報。而且毀了對方，有失厚道。得理之處且饒人，也是積德。

③人海茫茫，卻常「後會有期」，你今天得理不饒人，

焉知他日不狹路相逢？若那時他勢旺，你勢弱，你就可能吃虧。「得理且饒人」，也是為自己預留後路。

你得想想：你得理不饒人，到底有多少「好處」可得？「大好處」既「大」，那何妨「饒人」？因為這對你的「大好處」影響不大。至於「小好處」，好處既小，更沒有不饒人的必要。

④處事為人，下手不可過重過毒。

⑤「理」字既明，言辭何妨圓滑。

人和動物有許多方面大為不同。動物的所有行為都依其本性而發，屬於自然反應。人不同。人要經過思考，依當時的需要，做出各種不同的選擇。例如，學會「愛」你的敵人。

學會「愛」你的敵人，這很難做到，因為絕大部分人看到「敵人」，都會有滅之而後快的衝動。即使環境不允許或沒有能力消滅商人，至少會保持一種冷淡的態度，或說些讓對方不舒服的嘲諷。但是，就因為難，若能當眾擁抱敵人，你的成就就必然比不能「愛」敵人的人高。

謹防「婦人之仁」

做人要實在，要有雅量，這當然沒錯！但是，不可心存「婦人之仁」，以免在關鍵時刻吃虧。

有這樣一則寓言：一匹狼跑到牧羊人的農場，想撲殺一隻小羊來吃。牧羊人的獵犬衝了過來。這隻獵犬非常高大、兇猛。狼見打不過也跑不掉，便趴在地上，流著眼淚

哀求，發誓牠再也不會來打那些羊的主意。獵狗聽了牠的話，看了牠的眼淚，感到非常不忍，便放了牠。想不到這隻狼在獵犬回身之際，縱身咬住獵犬的脖子。幸虧主人及時趕來，才救了獵犬一命，但獵犬已流了很多血。牠傷心地說：「我實在不該被狼的話感動啊！」

婦人的特色之一是心特別柔軟，容易被感動，意志容易受到情緒的影響而動搖。這種特色在有孩子的婦人身上尤其明顯，因為她們全身的血液中流著一種母性的愛。當孩子犯了錯，流出眼淚，做母親大多會抱著他，原諒他。這種愛有時顯得很缺乏原則，不理性，甚至失去是非。古人就稱這種特性的愛為「婦人之仁」。

「婦人之仁」有時可以產生很大的感化力。但是，在人性叢林裏，「婦人之仁」常常成為一個人生存的負擔，甚至致命傷。就像前面那則寓言所描述的，獵犬因「婦人之仁」，差點丟了性命！

一個人心存「婦人之仁」，就容易動搖意志與理性，放棄自己立場，從而傷害了自己。例如不懷好意的借貸者，你在他哀求之後借給他錢，結果卻一毛錢也要不回來！

一個人的惡行因為你的「婦人之仁」，獲得寬恕，極可能不但感動不了他，反而讓他有另外的機會犯下更多惡行，對別人造成更大的傷害。

你的「婦人之仁」會成為你的弱點，成為人人想利用的目標，在他們操作眼淚、溫情、請求、孩子似的無辜與可憐之下，你將成為最大的受害者。

你的「婦人之仁」會弄得你周圍的人與事是非不分，反而成為為人際關係及前途上的負債。

因此，心存「婦人之仁」不是好事。可是，天生心軟

的人怎麼辦？難道注定要在人性叢林裏做個被剝削、被凌辱者嗎？

這種人應該訓練自己的思考與判斷，用理性與智慧指引自己的行為，而不要讓感情牽動。這需要時間，也面對「揮淚斬情絲」的痛苦。但總是要經過這種歷練，才能成長、成熟，變得越來越果斷。

「婦人之仁」的風險和代價太高，善做人者，不可不努力除去這種感情特質。

把握善良的分寸

做人要善良，這是公理。但如果放到具體的特殊場合中去考察，就不可簡單了之，必須把握善良的分寸。

許多人很樂於慷慨解囊，無私地奉獻出愛、同情、尊敬和物質財富。在他們的心靈深處，就像上帝的孩子似的，不為自己的勞動尋求報償，純粹是為了表達愛。他們希望給予別人豐厚的報酬，這種報酬比他們期待的還要多。然而，生存這一現實使不少人覺得自己太藐小，內心誠惶誠恐。儘管如此，他們依然不時地超越自己的能力，與窮人分享他們的所有。

我們及時發現，同情不知名的窮人，為他們提供生計，比對自己的「親人」容易得多。這是因為，透過切身經歷，我們看到出於憐憫之心，我們過分慷慨。

對一些人來說，似乎是你給予他們越多，你越應該給予更多，就像你欠他們似的。由於你心地善良，你毫無遮

擋，將自己赤裸裸地暴露在他們面前。

反過來，另一種不可思議的事也存在——有些人常常虐待那些最支持、最愛我們的人。

貝思和麗莎已經相識二十多年。麗莎是一位離過婚的女人，孤身生活了十幾年。最近，貝思的丈夫通知她，他要跟貝思離婚。貝思搬到麗莎家中居住，因為她自己的房子被賣了出去。

麗莎同情貝思，竭盡全力幫助她。為了減少貝思的生活開支，她分文不收貝思的房租，並用自己所有的積蓄滿足貝思的一切需要。

六個月後，貝思搬走了。從此以後，她們倆再也沒有說過話。

這一事件使麗莎感到，自己受到了傷害和虐待。她告訴朋友：「我太快而毫無保留地敞開自己的胸懷和錢包，慷慨地給予了一切。我難以抑制自己的表現。可是，貝思的胃口愈來愈大。」

涉世深者大多認識到適當的節制十分必要，切不可過分拖捨同情。同情是一種良好的心態，而不是盲目地去為人做多少好事。為了做到與人為善，務必抑制自己過分行善的欲望。

同樣道理，聰明的父母都知道，控制自己過度嬌縱和溺愛孩子的迫切心情，是促使孩子成長的一個重要方法。他們十分明白：必須把自己控制在一個範圍內，才能做到真正的善良。

巧妙借助他人的力量

　　無論做什麼事，單靠個人的力量絕不可行。當你有了一些新想法，為了說服某人與你合作，就得有意識地把與你觀點相同的人拉到身邊，讓他們做你的後盾。沒有他們，只靠你自己是很難說服人。因為在一般人眼裏，單槍匹馬大多屬心血來潮。有了其他人的支持則不同，人家會認真考慮你的想法。他會想：「既然這麼多人支持，他的想法肯定有一定的道理。」只要他認真考慮，事情就容易辦成。正如俗語所云：「三人說虎，必成真虎。」所以，最好有兩個以上的人支持你。

　　當然，你所找的人必須被對方所信任，知識水平及能力強度都能勝任你所要辦的事。如果你的朋友水平很低，人家怎可能信任？

　　有時候，想辦一件事，說服某個有力的人或許有許多困難。朋友一起去說服，可能比較容易些。當然，你的事情只有在切實可靠時，才能說服朋友。若連朋友也說服不了，就說明服務的事可行度太小，甚至不可行。

　　遇到困難，想說服某人，可借助第三方的力量，也可以借助事實的力量。比如要求某人做某件工作，就得讓對方相信你的能力。而要讓他相信你的能力，你有必要把自己做過的一些重要的事講給他聽。至少也得說上三件。這樣，他就可以據以斷定你是否有能力完成此事。當然，你所列舉的三件事應該與你要做的事有一定的關係，可以證

明你有能力完成這件事。

　　如果你所服務的單位很有實力，可以打出自己的牌子。如果你所服務的單位很小，勢單力薄，沒名氣又沒技術，那就得借助其他單位的勢力，與一些技術、資金雄厚的單位搞一些合作項目，或聯營搞合作。然後，你可以用你們兩個單位的名義，與第三個單位交涉，使這第三個單位相信你。

　　再就是可以借助一些有權力或知名度較高人的力量，像著名的專家、學者等。因為這些權威人物都一定的威懾力，他們的判斷力、鑒別力為社會公認。他們同意的事，一般人相信是對的，不會產生懷疑。你可以請他們參與你想做的事，或為你題個詞。這可以向對方證明你的實力。有了這些，再說服對方就不困難了，對方較可能願意與你合作。

好風憑藉力，借梯能登天

　　《紅樓夢》中，薛寶釵所填的一首《柳絮詞》，其中有一句是：「好風憑藉力，送我上青雲。」她一反大貶柳絮飄浮無根，無所依附的寫法，用肯定之詞對其做了讚美。

　　有人不僅看到了辛勤耕耘的黃牛，也看到了黃牛背後不斷抽動的鞭子。這是他見識的獨到之處。從中可得到一個啟示：一個人在事業上想獲得成功，除了靠自己努力奮鬥之外，有時需要借助他人的力量，才能平步青雲或扶搖直上。

我們把「好風憑藉力」這句話中所蘊含的人生哲理用在求職就業的過程中，就可以稱它是「借梯登高」之計。

對於準備求職就業的人來說，這裏的「梯」指的是他人之力，如名人、親戚、朋友、同學等的地位、名望、財富或權力等；「高」則是指求職就業者將要獲得的某種較為理想的職業。他人有時是你接近或走向成功的橋梁與階梯。尤其是那些德高望重的名人，他們的力量更能幫你尋到走向成功的捷徑。

古往今來，借助於名人之力成功的事例真是數不勝數。漢高祖劉邦立太子的故事就是其中之一。

漢高祖劉邦共有八個皇子，生母不一，為了爭奪太子之位，展開了子與子、母與母之間的明爭暗鬥。劉邦欲立戚夫人之子如意為太子。此事讓呂后大為緊張。她是皇后，她的的兒子劉盈本應順理成章，成為太子。她找張良幫忙。

張良獻上一計：「皇上一直想招聘四個在野的賢人出山，但他們始終不肯。若將他們迎為賓客，太子常請此四人赴宴，皇上看見，必會問其原因。」

果然不出張良所料，高祖以為劉盈為人恭敬仁孝，天下名人慕名而來，終於立劉盈為太子。

劉盈的成功，仰仗了四大賢人的盛名。當然，這還得自他母親呂后和張良的妙計。只有劉邦被蒙在鼓裡。

中國人歷來看重宗族親情，以致今天仍然盛行「走後門」。「後門」是一種看不見的裙帶關係網，類似於我們所說的「梯」。利用後門去幹違法亂紀的事，當然不足取。但如果你想充分發揮你的才智，有所成就，某些時候借助「梯子」還是必要的。尤其是剛走出校門，缺乏社會經驗的

學生，想在社會上謀得一份理想的職業，得到社會的認可，就必須靠熟人或名人的引薦。

一般來說，無論引薦者的名望大小、地位高低，只要對你的成功有所幫助，他就是你登上高處的好梯子，他的威信和影響力就對你大有用處。一般人除了對權威和名望有一種崇拜感和信任感之外，對熟識的人同樣會產生一種可靠、信賴的感覺。他們會從推薦者身上估量被推薦者的能力和人格。透過這層關係，可幫助求職者獲得錄用，繼而步步高升。

在複雜的社會關係之中，在各種社會關係構成的屏障之前，人與人之間互相利用是人性的弱點，但是它也是人與人之間所共同需要的。這也正是「借梯登天」之計的實質所在。

俗話說：「一個籬笆三個樁，一個好漢三個幫。」不懂得或不善於利用他人的力量，光靠單槍匹馬闖天下，在現代社會，很難大有作為。

在施行「借梯登高」之計時，要遵循下列步驟：

1・找「梯」，即要與有影響力的人做朋友

對一般人來說，在求職就業的過程中，應該隨時留心周圍人的品格、能力及其影響力，真心交朋友。為了贏得他人的真誠相助，你必須先付出某些東西。人心都是肉長的，你天長日久的付出，總會得到回報。所以，平時與人交往，要盯得準誰有能力幫助你。當然，與任何人相處，都要以友善、真誠為本。《圍城》中的方鴻漸就是靠這一點獲得了他岳父的信任，從而在銀行裏謀得一個好職位。

2・借「梯」，即求得朋友的幫助

朋友能否幫你的忙，還看你平時表現如何。這就要求

你與人交往時，目光要放遠些，不因小利而不為，亦不因利大而必為之。如果你與對你求職就業有所幫助的朋友發生了不愉快，你應當先諒解他。

「小不忍則亂大謀。」這是古訓。在這方面，古人也做過榜樣。比如，韓信能忍受胯下之辱，張良能為老者拾履穿鞋。

平時的基礎打好了，量變積累，終會質變，也就可能「得來全不費功夫」。你待人好，人家對你自然真誠，關鍵時刻幫你一把也就在情理之中了。這樣看來，借「梯」的功夫完全包含在平時為人處世之道中。

這裏還必須說的是，有很多人並不是不會施行此計，而是難為情，不願求人，總覺得這樣做有失體面，好像是貶低了自己的能力。這種想法根本不必要存在。任何時候都別忘了，即使是拿破崙，也需要別人幫他架起成功的橋梁，何況你只是一個平常之人呢？

PART 9

第九堂課

戀情多變，進退有度

戀愛要「多種經營」

戀愛，當然是想擁有一個志趣相投的人。但怎樣才能找到這樣的人呢？大多數人常常把希望寄託在一個可望而不即的目標上。這就大錯特錯了。

玲和庚的戀情已有兩年多，這裏面的酸甜苦辣算是嘗夠了。因為庚是有婦之夫，通常每週四晚上，他下班後來看她，她總是做好了飯菜等著。但有時候，經常是到了約定的最後一分鐘，庚才來電話，說他不能來了。玲非常難過，覺得太不公平，怎麼也想不通，「為什麼他愛我就不像我愛他那麼強烈？為什麼他總是三心二意，以至於不履行他對我的承諾？」

玲真是個傻女孩！

不論何時，一個人把對對幸福的全部渴望寄託在一個虛幻的對像身上，即使這個對像是個現實的人，也難保不會大吃苦頭。也許他會得到這個人，但得到時已等於失去。不管如何，一個人花在另一個人身上的精力畢竟有限，如果他把這有限的精力轉化為想方設法取悅那些有可能成為他伴侶的人，那他就會爆發出極大的熱情。

有些人抱怨說，合適的人太少了。「我碰到的人不是結了婚，就是正在談戀愛。」但是，當朋友勸他們參加社交活動，他們卻以種種藉口推脫，什麼「太窮」啦，「太忙」啦，「太累」啦……不一而足。

儘管真正的愛情有時候可遇而不可求，但你留心看看

周圍的朋友，那些看起來是「偶然」碰到或「緣分」安排的戀人，其實都包含了當事人良苦的用心。

你想找一個相愛的人，就得花些精力。守株待兔，靠天上掉下餡餅是不可行的。你要到人群中去，邀請熟人、朋友到家裏吃飯，對同學、同事、鄰居要格外友善。

在鄰居、同事或你喜歡參與的活動中實在沒有合適的人選，還有一些辦法可供參考。

去圖書館，每次都坐同一個地方，表現得精力充沛；到人群聚集的地方，提出一些容易回答的問題，挑起話頭；隨身帶上容易引起爭論的書等等。

你很靦腆，那麼，從下週起，嘗試著向你周圍的人微笑並且說：「你好！」在公共場合挑起話頭，如自我介紹，讚揚別人，對別人的專長表示興趣，並注意傾聽周圍人的談話，給他們談論自己的機會。

一旦有了同陌生人談話的經驗，實踐時感到輕鬆自如，那你就可以準備往深水裏跳了。鼓起勇氣，選擇一個恰當的時機，約合適的人選會面，在她（他）的身上試驗一下你新學到的技巧。別擔心出什麼紕漏，錯了再來一次就是了。

反反覆覆實踐，經過無數次成功和失敗的磨鍊，醜小鴨也會變成白天鵝。

當然，有一點要說明，所行其事須祕而不宣，哪怕是對待最親密的朋友。朋友是可以信賴的，但他們說不定會有衝動或不慎的時候，若說漏了嘴，別人若以為你輕佻或張狂，就會影響你的名聲。

普遍撒網，重點突破，總有一天，你必能如願以償。情場是鍛鍊人的場所，你能縱橫馳騁，找到遂心如意的男

朋友或女朋友，是對你的能力的最好檢驗。有個人人嘖嘖稱羨的異性朋友與你風雨同舟，誰都會說你有本事。當你家庭這個大本營安頓停當，再憑著這種本事去專營事業，你的前途肯定不可限量。

不要在一棵樹上吊死，開展戀愛的「多種經營」，你不僅可以生意興隆，還會成為感情上的百萬富翁哩。

大丈夫何患無妻

「大丈夫何患無妻！」此話讓某些女士聽，也許會引來她們大聲質問：「這不是典型的大男子主義嗎？」

且慢！其中道理，待筆者細細說來。

生活中常能看到，漂亮姑娘天生具有一筆了不起的財富，能攀龍附鳳，嫁給龍子龍孫。夜晚的馬路是這些人的天下，時裝總是有錢人在為她們買，高級大飯店裏跟著大款隨時出入。

但是，漂亮姑娘的心有時又是秋天的雲，說變就變，不以人的意志為轉移，讓人捉摸不透。為此，有些人有了漂亮的女友，反倒傷透腦筋，生怕得而復失。

她，十八歲，天生麗質，修長的身材，有著和電影明星差不多的臉蛋。在眾多追求者中，他幸運地得到她。因為她生性活潑，身後仍有一批死心塌地的追求者，有的還愛得尋死覓活。追求者邀請她看電影，她並不全部推辭；追求者遞過來的香檳、咖啡，她照喝不誤。他多次提醒她，她只是含笑不語。沒有得到她之前，他拼命追求；現

在得到了她，又擔心她移情別戀。

此種情況，身為男友的他該怎麼做才能萬全？

答曰：以不變應萬變。

第一，不要怕她離開。總是擔心，背上沈重的心理包袱，在她面前就會縮手縮腳，言行拘謹，舉止失措，顯得笨拙，損害自己在她心目中的形象。如果大度坦然，表現出君子之風，就會增強自己在她心目中的魅力。堅信這世上沒有誰比自己更適合她。自信是強者的靈魂，有自信心，才算真正的男子漢。

第二，尊重她的權利和自由。她偶爾與其他小夥子看電影或上咖啡廳，並不能說明她會見異思遷。雖然她向你表露了愛，但不可能處處和你保持一致。她有自己的獨立人格，有自己的生活和社交圈。如果對她橫加干涉，只會不斷在她心中製造離心力。反之，她會覺得你豁達大度，通情達理，她的心將與你貼得更緊。

第三，建立了愛情關係，不能說愛情已經進了保險箱。儘管她已經有了選擇，但對她的男朋友來說，愛的追求遠遠沒有結束，還須付出努力和心血，更進一步提升自己，修煉自己。要不厭其煩地表達你的愛，關心她的生活。每次見面，都在恰當的時刻說出「我愛你」。這話不知有多少人說過，但無論說得再多，都不會使聽者心煩。

如果種種努力都歸於無望，那就算了。命中注定，她不是你的意中人。

切記：天涯處處有芳草，不必單戀一枝花。

兔子要吃窩邊草

「兔子不吃窩邊草」的古訓害了不少人，還有許多不明就裏的人仍在深受其害。

一隻兔子，身邊野草鮮美，可是牠視而不見，竟到很遠的地方去尋找東西果腹。也許牠能找到，但勞心又勞力。萬一找不到呢？那就太不划算了。

這真是「吊著乾魚吃白飯──好大的笨伯！」

雖然時代已經進步到今天，可這樣的笨伯仍不在少數。高唱「兔子不吃窩邊草」的老調，滿臉灰暗，珠淚偷垂，苦熬著漫漫的人生歲月，眼看著自己的同學、同事、好朋友成了別人的心上人，望洋興歎：時不我與！

很多人有種忌諱：兔子吃窩邊草，容易引來麻煩。弄不好丟盔棄甲，得不償失。為此，愛上某個人，卻開不了口，或者根本不可能愛上，因為事先有一種不吃「窩邊草」的心理定勢，感情的特殊含義並沒有在「窩邊草」身上解釋過。

於是，大學裏的同學，男生覺得自己班上的女生個個是醜八怪，誰有心娶她們就是瞎了眼；女生也覺得班上的男生個個是武大郎，胡蘿蔔、爛白菜，做一輩子女光棍也不下嫁給他們。

單位裏兩個人在長期的工作接觸中，因互相了解而產生愛情。但他說：「她很好，幫她找對象出謀劃策可以，但自己不會愛上她。」她說：「我覺得他不錯，能幫他介

紹對象。至於我跟他，絕不可能！」

結果，肥水流到外人田，肥了別人的秧苗、穀子，自己的田地瘦不拉嘰。

性格強烈的人，他們不會顧及人言可畏、失敗、對前途的影響。一個人追求某個目標，最大的障礙就是他自己的自卑，自視藐小，擔心沒有能力應付可能發生的一切。他怕了，坐失良機，年紀一天天增大，皺紋一天天加深。天上明月光，地上一雙雙，他人月下走，獨我悶得慌。

有一個小夥子遵循「兔子不吃窩邊草」的祖訓，三十有二了，還一個人吃飽，全家不餓。

後來醒悟了，他大喊：「兔子偏要吃窩邊草。」他看出吃窩邊草挺舒服，因為不須跋山涉水，求神拜佛，只要伸伸頭，伸個懶腰，就能把肚子吃得鼓鼓囊囊。

他所在的單位是個大公司，女孩子特別多。以前有人說他「近水樓臺先得月，向陽花木早逢春」。

他說：「一言難盡，單位的人很封建，怕一個也談不成，還翻船落水，永世不得翻身。」

一度有個女孩喜歡他。他說：「別，別……」女孩傷心地哭了，幾個月後，草草嫁給一個滿臉落腮鬍的男人。他好傷心呐！

他懸崖勒馬，從眾多女孩中挑一個中意又般配的。女孩沒意見，談成了。眾裏尋她千百度，驀然回首，那人卻在燈火闌珊處。

當然，主張兔子要吃窩邊草，不是說連窩邊的枯枝敗草都吃。如果窩邊的草並不肥美，那還是應該堅守陣地，向外發展。外面的世界很大，很精采。

活人不能被尿憋死。只要你有自主意識，條條大路通

羅馬，機會太多了。

乘人之危，「攫取」愛情

培根說：「當人心最軟弱的時候，愛情容易入侵。」此乃至理名言。男人如此，女人更是如此。不過，有一點必須注意，這時候入侵的愛情摻有虛假的成分，由戀情而發展為婚姻，穩定係數不高，戀情每前進一步，都可能伴隨著摩擦，婚姻則如同波濤洶湧的大海，要麼勉強維繫，要麼離婚。

賈姑娘大學本科畢業，貌美驚人，分在工廠當助理工程師，迷煞了不少男子，情書一封又一封塞進她的抽屜。賈姑娘稍不留神，就會有「我真想得到你」之類的紙條溜入口袋。追求她的人之中，有的是真心愛她，有的明知癩蛤蟆吃不到天鵝肉，故意尋開心。

賈姑娘對此一概不理。因為她已有男朋友，她的男朋友在英國留學，跟她是大學同班同學。他們很相愛，每個月都往返三、四封信。

賈姑娘的落落寡合，幾乎得罪了所有愛她的人。大多數人罵幾聲「娘的」，再責怨自己人微言輕，也就不提了。惟獨陶君至死不渝，信照樣寫，電話照樣約。他相信他們有緣，賈姑娘和她的男朋友不會長久。

果不其然，賈姑娘的男朋友在英國和當地的洋女子談起戀愛，置賈姑娘於不顧，終於並同洋女子結了婚，大概是不會再回國為人民服務了。賈姑娘為他獻出少女的貞

操，忍受深閨寂寥，癡癡等待，卻收了惡果。接到那個冷冰冰的越洋電話之後，她立即昏了過去。很多人幸災樂禍，只有陶君守在她身邊。

真是禍不單行，這時，賈姑娘的父親溘然去世。噩耗傳來，她泣不成聲。她的母親在生她時就死在醫院。這些年來，她與父親相依為命。

現在，她世上最親密的人都離她而去，她的精神已到崩潰的邊緣。只有陶君不離左右，古道熱腸。在她最危難的時候，是陶君給了她友誼，給了她愛，也給了她信心。她了解陶君的心意。所以她說：「我們結婚吧！走了太多太多的路，我希望有個家。」

陶君自然是興高采烈，沒有過多的考慮就和賈姑娘進了洞房。

可是，賈姑娘並不愛陶君，而日子還得實實在在過下去。陶君既然乘人之危，「攫取」了愛情，自然也會有辦法使賈姑娘最終愛上他。

男孩子不妨「壞」點

「女人心，海底針。」女人心最難捕獲。

暑假回家，閑著沒事，她邀了幾個老同學一起辦了個家教服務中心。孰料業務興隆，供不應求。於是她把他也拉了進來。他長得真帥，而且沈穩踏實。

幾個做家教的隔幾天小聚一次。當人家高談闊論時，他總是感興趣地聽著，但從不講自己。

一個月後，有家長送來感謝信，感謝他因材施教，循循善誘，激發了孩子的學習興致和自尊心。她不由得對他刮目相看，並為他高興。他水波不興，淡淡地笑了笑。

　　他對他們每個人都很好，尊如大哥一樣。一個同學無意中說起想看《飄》，可惜書店裏買不到。過了幾天，他就把這本書帶來了。後來才知道他是專門找人借的。她很感動，禁不住想，他待人真誠懇。

　　很熱的一天，他們在街上不期而遇。她買了兩筒霜淇淋，遞給他一筒。他微笑著謝絕了。

　　他說：「妳吃吧！我不熱。」

　　然而，當她當街大吃霜淇淋時，從他容忍的眼光和冒汗的前額，她恍然明白：他不是不熱，只是不在街上吃東西。她赧然於自己的沒修養，泄氣地把剩下的霜淇淋扔進垃圾箱。

　　她曾想改變自己，適應他。再和他相處，她覺得自己越來越謹慎，越來越循規蹈矩……

　　不知不覺間，她不再愛說愛笑，不再講她小時候在幼稚園怎樣被罰站，後來鄰居小朋友告訴了爸爸媽媽，結果她回家了又被罰站這些有趣的事兒。

　　連她媽都說她變文靜了，而她感到自己像一座熱情被壓抑的火山，隨時可能爆發。她必須隨時提醒自己收藏言笑，收斂起熱情和衝動，她覺得日子越來越難過了。

　　終於有一天，她不由自主地感歎道：「活著真他媽的太累了！」

　　平生第一句髒話出口，她既驚奇又興奮，舊日的活潑突然間又回到身上。她忽然明白不該壓抑自己，也明白了他缺少了什麼。

夏天快完的時候，他胸有成竹地向她提出建立戀愛關係。她拒絕了他。他似乎受到傷害，彬彬有禮地問她原因。她坦白地望著他：「不是你不好，是我不夠好。你太完美了。在你面前，我總覺得自己好像站在一個巨人的腳下，只能仰視你。」

　　開學了，在一次舞會上，她又認識了一個男孩。他來自農村，早年的不平凡經歷使他相當憤世嫉俗。他對她說：「我自身的經歷決定了我要不擇手段地爭取生存空間，徹底實現自我價值。他人只是一架梯子，道德的目的必須靠不道德的手段完成。」

　　她怦然心動，感到他身上有股強大的生命力在搏擊。

　　接觸多了，她發現他曾為了發表自己的文章，竟把素不相識的理論權威的大名置於他的名字前面。他的道理是，不這樣做，他的努力永遠得不到社會的承認。

　　有一次逛書攤，她看見他像一個土匪般在人堆裏擠來擠去，幾個女孩子被擠得好遠，人家罵他也不管，太野了。

　　她叫他注意點。他說：「書有限，不擠就被人搶走。謙讓只能眼巴巴地看著別人成功。奉守做人的基本道德，儘管去爭好了。」

　　她明顯地感到他身上有一種一往無前，執著到底的光彩。儘管有那麼多不美好的地方，可是他駭人的魅力無以言表。

　　他常說：「你能說那些以點頭哈腰，而賺了百萬元的個體戶，會因此而失掉自尊嗎？」

　　於是，她想起香港一位散文作家的話：「他們不希望向下走……他們要走上通往天堂的路，為了爭奪那一把向

上爬的梯子，無所不用其極。」

他有明顯的弱點，又有很強的優點，這奇異的個性，最能攫取女孩子的心……任何一個女孩的心。

她把這第二個他和頭一個他相比，覺得第二個他更具人情味。第一個他就像高貴的神靈，第二個他是實實在在的人，在兩個他之間，她與第二個他的距離更短些。

第二個他有人類的弱點，也有利用這種弱點戰勝對手的勇氣。他很壞，又很好。他就是他。第一個他的完美，使她無法同他產生心靈的撞擊、心靈的衝動。而第二個他的出現，則使她體驗到女孩為愛情而激動的狂亂心情。

有一天，這第二個他向她求愛，說出那火灼灼的三個字。她心甘情願地點點頭。

一個不那麼完美的男孩，可以和她吵架，和她手牽著手大說大笑，也可以不顧那些「有修養」的人的側目，和她在街上大嚼羊肉串。這樣的男孩固然「壞」，卻體現著男子漢的陽剛之美。

原來，女孩子喜歡「壞」男孩。

贏得異性好感的小技巧

怎樣才能贏得異性的好感呢？

1．第一次約會時，要學會逗她笑

無論是男是女，初約會時都難免緊張的心。有時氣氛很僵，更談不上笑了。男人若拙於面對此時此刻的情境，就會使女方覺得沒勁、無聊，乃至厭煩。

假如你能很圓融地處理初次約會兩人之間的尷尬場面，讓她感知到「你的好」，緊張心理就會逐漸消失。而能做到這一點，最有效的方法就是逗她笑。

　　怎樣使女孩發笑呢？除了可借用相聲小品中的一些笑料外，還可臨場發揮。譬如：吃東西故意蘸錯調料；買書時付了錢卻忘了拿書；一不留神，白開水倒在衣服上……這類現場小尷尬，通常能引人情不自禁地發笑，從而在笑聲中產生親切的氛圍。

2‧肌膚接觸有步驟

　　第一次約會，你若將手放在她的腰上，第二次想再約她，就可能吃閉門羹。雖然縮短男女之間的心理距離，肌膚之親具有極大的效果，但你千萬不要忘了，這樣做，有一定的步驟。剛開始只限於手、肩膀和手腕的觸碰。為了消除她的抵抗心理，你千萬不可摟著她的肩，只能若無其事地碰一下。

　　雖然有些情場高手說：「你可以在此時碰她……」

　　你若真的這樣做，就成了一個笨瓜。腰部和胸部是非常親密的階段才可以碰觸的部位。是否能縮短雙方的心理距離，則視警戒心的高低而定。數次約會，只要輕輕碰觸，就可以傳達彼此的好感。而且，你們會變得更親密。

　　有一種情況必須注意：如果你在公園的長椅上與她相擁，她可能強烈地拒絕你。她的反應不是不喜歡你，而是兩人坐在公園時，她不想被你在大庭廣眾之下抱著。

　　身體的觸碰有許多方式。例如：搭乘交通工具或出入商店時，你都可以伸手扶著她的背，在她離開商店時，為她穿上外套。製造一些藉口，例如「有灰塵」或「我幫妳看手相」等，也可以自自撫然地碰觸到她的身體，拉拉

手、摟摟肩，繼而發展至更深的關係。

3．兒時的話題是引發「親密感」的肥餌

突破身體的觸碰，兩個人單獨相處的機會增多了，言語之間，難免有沈默、冷場的時候。

這時候，想進一步激發兩人之情愫的最佳話題是小時候的種種。每個人都有童年，小時候發生的各種事情都可以成為聊天的話題。

說出小時候的事，她心會有所回應。如果共同處很多，就會產生連帶感。這是增加彼此了解的妙策。

女方可能有牢騷要發。這時，男方所採取的態度，會給女方完全不同的印象。她所發的牢騷，可能是對公司的不滿、對家人的埋怨。對男性而言，這或許不是有趣的話題。但你若只是「嗯！嗯！」連聲，點點頭，她可能覺得你是在敷衍她。

女性所喜歡的男人，在她有不滿或牢騷的時候，會問她：「怎麼了？」「發生什麼事？」在這一瞬間，她會感受到男人示愛的訊息，覺得——「他了解我」。如此一來，她就很可能敞開心門。

強忍失戀的傷痛，保持風度

男人鼓起勇氣向女方示愛，卻遭到無情的拒絕，怎麼辦？一時情緒失控，向她大發雷霆。這種男人沒有資格和女人交往。真正的男子漢、大丈夫，此刻應該強忍傷痛，保持風度。正所謂：「翩翩君子，溫潤如玉。」

只為自尊心受傷就攻擊她，把過去苦心經營的情感一舉破壞？起碼曾共度許多快樂的時光是不容否認的事實。將它們化作生命中美好的回憶，才是積極的想法。

要知道，一個人愈是累積豐厚的經驗，愈能勇敢接受一連串試煉。「肯定自己戀愛的體驗」，這種積極的態度將產生一股精神力量，引導你果敢地迎向新戀情的挑戰。改變態度，凡事無論成敗，永遠以積極的思考模式對待。

或許有人會說，示愛光被拒就罷了，但日後見面的困窘真是難以忍受。是的，狹路相逢便百般迴避，這是人之常情。只是，若兩人同屬一家公司，總不能每天玩「躲貓貓」吧？最好的解決之道是「以不變應萬變」，就像往日一樣，笑臉迎向她，打聲招呼。

其實，覺得困窘的絕不光是被甩掉的你，甩掉你的她也難免疙疙瘩瘩。你若因賭氣，故意不和她打照面，她就可能如坐針氈，無地自容。何不給她一個釋然的微笑，彷彿什麼事都未曾發生。

她可能會因你的態度而改變初衷，繼續保持情誼。這樣，遇到適當時機，你才能再度擊鼓進攻。這時，即使再度被她拒絕，吃上閉門羹，你仍應保持君子風度。

你毅然對她表白心跡，無奈她的答覆令你失望。雖非堅決否定，卻看不出接受的跡象。如果就此懷憂喪志，宣告放棄，和她的情分便只能譜上休止符。

上策應該是：全心全意維護原來的情誼。待他日時機成熟，再捲土重來。

愛是永遠的寬容

　　兩個人由相識、相知，到相戀、相愛，最終攜手走向愛情的歸宿——婚姻的殿堂，心中懷著甜蜜的憧憬、美好的期待，勾畫著未來的生活。哪怕最隱祕的細節、最不易窺測的角落，都描繪得婀娜多姿、美妙絕倫，連最平凡瑣細的生活，也徹底美化了。

　　他們陶醉在兩個人的世界，彷彿彼此是對方的上帝。愛情成了他們面對生活，主宰命運的惟一鑰匙。

　　在過來人眼中，他們是兩個甜蜜的傻瓜，因為此時他們還不完全理解婚姻是什麼、生活意味著什麼。

　　時間的巨手會鈍化人的感覺，磨平人的記憶，改變本有的一切。原本使人心旌搖蕩的，如今卻叫人無動於衷；原本讓人銘心刻骨的，現在卻已麻木。那最讓人難以忘懷的一個個美妙瞬間都變得模糊、淡漠了。

　　是的，時間改變了世界的風貌，也改變了人的感覺。

　　不是因為他才華橫溢，才嫁給他嗎？怎麼越看越覺得這個人除了才華之外，一無所有？不是因為他風度翩翩，才傾心於他嗎？怎麼越看越感到這人渾身上下都是虛幻？

　　不是因為她氣質超群、身材出眾，才非她不娶嗎？怎麼婚後不到一年，便覺得這個人形象猥瑣，俗不可耐？不是因為她心地善良、不慕錢財，才對她感念不已，以為今生終於找到理想中的愛人嗎？怎麼孩子剛一出生，這個人就變得錙銖必較？

原本心儀的人，如今似乎都走向了反面：

性情穩重成了老氣橫秋，性格活潑成了瘋瘋癲癲，風流倜儻成了拈花惹草，熱愛藝術成了老不正經，連身體健壯也成了笨手笨腳，身材苗條也成了不夠性感，大眼睛是大而無當，小眼睛是鬼鬼祟祟。

有業餘的愛好，說你不務正業；沒有業餘的愛好，說你缺乏情趣。下班早回家，說你不像個男人；下班不回家，說你不顧老婆孩子。掙不到錢，說你是笨蛋；掙太多錢，說你肯定不是好東西。管孩子，說你婆婆媽媽；不管孩子，說你欠缺家庭責任感。提拔了，說你是馬屁精；沒提拔，說你狗屁本事沒有白混了十幾年，朋友多了，說你狐朋狗友一大票，整天不在家；朋友少了，說你孤家寡人，像個喪門星。對長輩孝敬了，說你永遠像個孫子；對長輩不孝順，又說你沒良心。看見女人不回頭，說你假正經；見著女人總回頭，說你不正經……

生活就是這樣，每天都在發生有形無形的戰爭。說起來雞零狗碎、雞毛蒜皮，說多了還叫人發笑。然而，每個人都在生活的粗俗和瑣屑之中經受考驗。

新潮男女難以忍受此中的磨難，歎息一聲：「怎麼會這樣？」隨即互道「拜拜」，從此天各一方，獨自瀟灑去了。趁著年輕還有資本，他們拼命消費自己；待人老珠黃，只能怨艾「生活的平庸」。

比起另外一些人，他們不乏瀟灑快樂。但在頻繁的探索與轉換之中，他們很難深入體會生活的艱辛與美好。與他們一同笑過的人，他們很快忘記；與他們一同哭過的人，他們也很難長久記得。到了人生的暮年，驀然回首，他們才似有所悟，說不出：無悔今生，笑對所愛。

愛一個「完美」的人並不難，愛一個「有缺欠」的人卻很不容易，長久地愛一個這樣的人更是難上加難。但惟其如此，人的感情才顯得深沈厚重，足以感天動地。

　　說到底，在上帝如炬的目光審視下，我們誰敢大言不慚地說自己是「完美」的人呢？既然自己並不完美，憑什麼以完美要求於自己的愛人？

　　愛一個人，便意味著全身心、無條件地接受他（或她）的一切，包括他堅強掩蓋下的脆弱、誠實背後的虛偽、才華表象下的平庸和勤勞掩飾的懶惰，甚至要忍受婚前不曾發現的種種生活惡習。

　　否定了愛人醜陋的一面，也就否定了他的全部；否定了他的全部，也就否定了你自己的生活。

〈全書終〉

國家圖書館出版品預行編目資料

與成功有約的9堂課／劉輝 著 -- 修訂一版
-- 新北市：新潮社，2018. 02
　　冊；　公分
　　ISBN 978-986-316-694-8（平裝）
1.成功法 2.生活指導

177.2　　　　　　　　　　　　106020318

與成功有約的9堂課

作　　者　劉輝
企　　劃　天蠍座文創製作
出　　版　新潮社文化事業有限公司
　　　　　電話 02-8666-5711
　　　　　傳真 02-8666-5833
　　　　　E-mail：service@xcsbook.com.tw

印前作業　東豪印刷事業有限公司
印刷作業　福霖印刷有限公司

總 經 銷　創智文化有限公司
　　　　　新北市土城區忠承路 89 號 6F（永寧科技園區）
　　　　　電話 02-2268-3489
　　　　　傳真 02-2269-6560

修訂一版　2018 年 2 月